JN087220

第2版

大原で合格る

日商簿記

2級

資格の大原

工業簿記

中央経済社

読者限定特典のご案内

① 資格の大原オリジナル「ネット試験体験プログラム」をダウンロードしよう！

本書の読者特典として，ご自分のパソコンでネット試験をお試しできる体験プログラムをご用意しました（Windows10対応）。

> ⚠ 対応OSはWindows10のみです。ご利用の際には，お使いのパソコンOSを十分にご確認ください。

方　法 下記URLからダウンロードが可能です。

1 「日商簿記ネット試験体験プログラム」（資格の大原提供）へアクセス

URL https://goukakuweb3.o-hara.ac.jp/Download/Boki

実際の画面とは多少異なる場合がございます。

2 「5桁コード」を入力

5桁コードは，中央経済社「ビジネス専門書Online」（https://www.biz-book.jp）の本書紹介ページでご確認ください。

キーワードで探す に本書の書名を入力し 検索 をクリックすると，本書紹介ページをご覧いただけます。

3 「体験プログラムのダウンロード」をクリックして体験スタート！

　ダウンロードの際は，必ず，操作マニュアル及び使用許諾をご確認ください。

※ダウンロードに関するお問い合わせ：大原出版株式会社
shopmaster@o-harabook.jp

　体験プログラムのスタート画面です。「開始」ボタンを押すと問題が表示されます。

　本番さながらのイメージで模擬問題を体験できます。

　なお，ネット試験体験プログラムの問題及び解答・解説は，本書の巻末付録にございます。また，本体験プログラムでは，一部の問題がランダムに出題されます。

　日商簿記検定をネット試験で受験される方は，ぜひ本プログラムで解き方や操作性などをトレーニングして，本番に挑みましょう。

資格の大原講師による解説動画を見よう！

　学習でつまずきやすいところを，動画でしっかりフォローできます。

方法❶　該当箇所をスマホで直接読み取って動画をご覧頂くことができます。

方法❷　下記のURLからも視聴可能です。

1　大原ブックストアの書籍購入特典ページへアクセス
（https://www.o-harabook.jp/hpgen/HPB/entries/35.html）

2　本書『大原で合格る日商簿記２級　工業簿記』を選択

3　見たい動画をクリック！

> ⚠特典ページの閲覧には，ID（ユーザー名），パスワードが必要です。
> ID（ユーザー名）：ty2boki　パスワード：tykboki2
> ＊本書の改訂版が刊行された場合は，第２版までのサービスを終了させて頂きます。

 解答用紙を印刷して繰り返し問題を解こう！

方　法　下記のURLからダウンロードできます。

1　中央経済社「ビジネス専門書Online」（https://www.biz-book.jp）へアクセス

2　キーワードで探す　に本書の書名を入力し検索

3　本書紹介ページにある「解答用紙はコチラ」をクリック！

はじめに

「簿記」を経理担当者だけが必要とする知識，と考えている方が多くいます。

経理実務では，会計ソフトに入力するだけなので，知識は必要ないと考えている方もいます。

しかし，企業の経営状態を正確に数値化し，客観的に測定することのできる簿記の技術は，**すべての社会人にとって身につけておくべき必須のスキル**です。

簿記は，会社をめぐるお金の流れを記録して，経営活動の成果を報告するための技術です。簿記を学習することで，**企業がどのように利益をあげているのか，その仕組みを知ること**ができます。

企画書の作成やさまざまなプレゼンで，どのくらいの利益が見込めるかを明示することができたなら，それはとても強い武器になると思いませんか。

簿記を学習する際には，検定試験の合格を目標とすることをオススメします。代表的な試験としては日本商工会議所が主催する簿記検定（日商簿記検定）があります。

下位級から徐々にステップアップしていくことにより，簿記力が少しずつ身についていることが実感できると思います。2級の学習終了後は，知識が新鮮なうちに1級の学習を始めましょう。

第2版では，2021年度以降の「商工会議所簿記検定出題区分表」にあわせて加筆・修正しました。2021年度からは**試験時間がこれまでの120分から90分に短縮され，出題形式も大きく変わります。**

本書は，これから簿記を学習される皆さまに，**最少の努力で検定に合格して頂くこと**を目的として，資格の大原の簿記検定講座で長年培ってきたノウハウを活かして作成しております。

本書をフルに活用し，ひとりでも多くの方が合格の栄冠を勝ち取ることを制作スタッフ一同，心よりお祈り申し上げます。

資格の大原

本書を120%使いこなす方法

\＼大原メソッドで合格へ！／

資格の大原は，簿記検定でも合格実績はトップクラス！
本書には，長年蓄積されたそのノウハウが詰め込まれています。

合格のコツ で，一番大事なところがバッチリわかります！ ツボを押さえた効率的な学習を。

スッキリわかりやすい図解が豊富！ イメージしながら学習を進めましょう。

試験に出てくるキーワードは太字でわかりやすい！

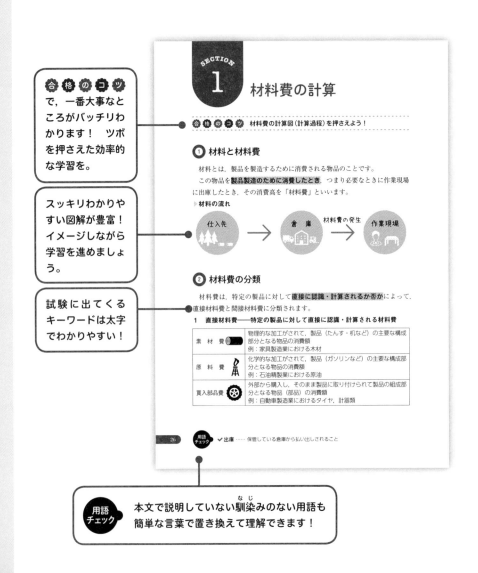

用語チェック 本文で説明していない馴染みのない用語も簡単な言葉で置き換えて理解できます！

ii

本書の活用ポイントを押さえて，最大限に使いこなし，最短ルートでの合格を目指しましょう‼

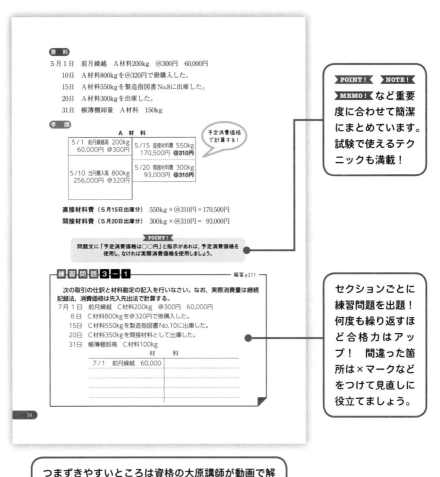

資　料

5月1日　前月繰越　A材料200kg　@300円　60,000円
　　10日　A材料800kgを@320円で掛購入した。
　　15日　A材料550kgを製造指図書No.8に出庫した。
　　20日　A材料300kgを出庫した。
　　31日　帳簿棚卸量　A材料　150kg

手　順

A　材　料

| 5/1 前月繰越高 200kg 60,000円 @300円 | 5/15 直接材料費 550kg 170,500円 @310円 |
| 5/10 当月購入高 800kg 256,000円 @320円 | 5/20 間接材料費 300kg 93,000円 @310円 |

予定消費価格で計算する！

直接材料費（5月15日出庫分）　550kg×@310円 = 170,500円
間接材料費（5月20日出庫分）　300kg×@310円 =　93,000円

POINT！
問題文に「予定消費価格は○○円」と指示があれば，予定消費価格を使用し，なければ実際消費価格を使用しましょう。

練習問題3-1
解答 p.211

次の取引の仕訳と材料勘定の記入を行いなさい。なお，実際消費量は継続記録法，消費価格は先入先出法で計算する。
7月1日　前月繰越　C材料200kg　@300円　60,000円
　　8日　C材料800kgを@320円で掛購入した。
　　15日　C材料550kgを製造指図書No.10に出庫した。
　　20日　C材料350kgを間接材料として出庫した。
　　31日　帳簿棚卸高　C材料100kg

材　　　料

| 7/1 前月繰越 60,000 | |

34

POINT！ NOTE！ MEMO！ など重要度に合わせて簡潔にまとめています。試験で使えるテクニックも満載！

セクションごとに練習問題を出題！何度も繰り返すほど合格力はアップ！ 間違った箇所は×マークなどをつけて見直しに役立てましょう。

つまずきやすいところは資格の大原講師が動画で解説します！ あわせて要チェック！

日商簿記2級ってどんな試験?

勉強を始める前に，簿記検定のことを知っておきましょう。
何のための，どんな試験かがわかれば，試験対策にもつながります！

 日商簿記検定試験とは?

　皆さんがこれから受験する「日商簿記検定」は，地域経済の健全な発展を目的として，日本商工会議所が実施している会社会計に関する検定試験です。

　学校の試験と異なり，「社会人として活躍できるかどうか」が問われるのが特徴で，出題内容はビジネスシーンで活きるものが中心となっています。

日商簿記検定試験各級の学習レベル

級	科目	学習レベル	できるようになること
1級	商業簿記・会計学	販売業を営む大企業の簿記と企業会計に関する法規	会計基準や会社法などの企業会計に関する法規を踏まえて，経営管理や経営分析ができるようになる。合格すると税理士試験の受験資格が得られる。
	工業簿記・原価計算	製造業を営む大企業の簿記と経営管理・経営分析	
2級	商業簿記	販売業を営む株式会社の簿記	財務諸表の数字から経営内容を把握できるようになる。
	工業簿記	製造業を営む株式会社の簿記	
3級	商業簿記	販売業を営む小規模の株式会社の簿記	青色申告書類の作成など，初歩的な実務がある程度できるようになる。
初級	商業簿記	企業の日常業務における実践的な簿記	簿記の基本用語や複式簿記の仕組みを理解し，業務に利活用できるようになる。

日商簿記2級の試験内容について

　学習開始前に試験の概要や出題内容・配点などを知ることは，大切なことです。これらを意識することにより，効率的に学習を進めることができます。以下に，統一試験（ペーパー試験）とネット試験についてまとめましたので，受験予定の試験形式について確認しておきましょう。

2級試験概要

試験形式	統一試験	ネット試験
受験資格	制限はなく，誰でも受験できます。	
試験日	年3回 ・2月　第4週日曜日 ・6月　第2週日曜日 ・11月　第3週日曜日	随　時 ※左記の統一試験日前後は受験停止期間となりますのでご注意ください。
試験科目	商業簿記・工業簿記（原価計算を含む）5題	
試験時間	90分	
合格基準	100点満点中70点以上で合格	
申込受付	各商工会議所によって申込期間等が異なります。試験日の約3ヵ月前に最寄りの商工会議所へお問い合わせください。 商工会議所検索 https://links.kentei.ne.jp/examrefer	インターネットによる申込のみ 申込専用URL https://cbt-s.com/examinee/examination/jcci.html

2級出題内容＆配点の目安

	科目	出題内容	配点	時間配分
第1問	商業簿記	仕訳問題5問	20点 （1問4点）	15分
第2問	商業簿記	個別問題（連結精算表など）	20点	20分
第3問	商業簿記	総合問題（財務諸表など）	20点	20分
第4問	工業簿記	(1)仕訳問題3問 (2)部門別計算，個別原価計算，総合原価計算，標準原価計算など	(1)12点 (2)16点	25分
第5問	工業簿記	損益分岐分析，直接原価計算など	12点	10分

本書で学習します。

＊第1問〜第3問の商業簿記は，姉妹書『大原で合格る日商簿記2級　商業簿記』で学習します。

2級工業簿記で得点するコツは？

　工業簿記は2級から日商簿記の試験範囲となり，2級の学習を始める方全員がはじめて学ぶ内容です。配点は40点ですが，商業簿記と比較して満点を取りやすいという特徴があります。

　一方で，部分点が取りにくいという特徴もあるため，工業簿記を得意分野にできるかが非常に重要です。

　2級工業簿記で得点するコツは，勘定や図を使って解くことです。工業簿記は細かな計算を行うため，ミスがないように図にまとめながら解答することで，確実に得点できるようになります。

　図を使って解く論点には，次のようなものがあります。

> 材料費会計，労務費会計，製造間接費会計，総合原価計算，
> 標準原価計算，損益分岐分析など

　また，工業簿記では，各勘定の関係性を理解することが必要です。まずは，各勘定の特徴をしっかりマスターしましょう！

日商簿記2級は企業が求める資格No.1！

　簿記を学習すると，企業の採算性，コスト管理，さらには資金繰りといった企業の経営にとって必要な知識を身につけることができます。これは，現代のビジネスパーソンにとって，まさに必須の教養知識です。

　日商簿記2級は株式会社を前提としていることもあり，企業が求める資格第1位といわれています。簿記は，世界の国々で共通して利用されている世界共通言語です！

　それでは，いよいよ簿記の学習が始まります！
　本書を使って，簿記2級の合格を奪取しましょう!!

CONTENTS

巻頭 さらに合格力を高めよう！　読者限定特典のご案内
1. 資格の大原オリジナル「ネット試験体験プログラム」をダウンロードしよう！
2. 資格の大原講師による解説動画を見よう！
3. 解答用紙を印刷して繰り返し問題を解こう！

CHAPTER 12 直接原価計算

巻 末 付 録 オリジナル模擬問題

▶ 解説動画

工業簿記の記帳体系	練習問題7－1
練習問題2－1	練習問題9－1／9－2／9－3／9－4／
練習問題3－2	9－5
練習問題4－3／4－4	練習問題11－3／11－4
練習問題5－3	練習問題12－1／12－3

工業簿記の基礎

このチャプターでは, 工業簿記の基本を学びます。
とくに, 原価の分類を確認しましょう。

工業簿記と原価計算

合 格 の コ ツ　商業簿記と工業簿記との違いを押さえておこう！

① 工業簿記とは

簿記は，企業の業種によって「商業簿記」と「工業簿記」に大別されます。「商業簿記」は3級でも学習した内容なので，イメージできるでしょう。

では，これら商業簿記と工業簿記にはどのような違いがあるのでしょうか。

1 商業簿記とは？

商社，商店，小売，卸売のような商品売買業の企業に適用される簿記が商業簿記です。これら商品売買業は，「商品」を仕入れ，それを販売して利益を獲得することを目的とします。

2 工業簿記とは？

メーカーのような製造業の企業に適用される簿記が工業簿記です。製造業は，材料を仕入れ，生産設備を利用して「製品」を製造し，それを販売して利益を獲得することを目的とします。

> **POINT!**
> 製造活動を行うことがメーカーの特徴です。
> 工業簿記は，製造活動を記録・計算することが
> 最大の特徴です。

② 原価計算とは

商店で販売される「商品」の原価(げんか)は，仕入先からの請求書などによって把握することができます。しかし，メーカーでは，**生産された製品の原価はいくらか**を計算しなければなりません。

この「製品」の原価は，製品を製造するためにかかった金額（材料の代金，人件費，電気代など）を計算することで把握できます。この計算手続きを「原価計算(かけいさん)」といいます。

原価がわからなければ，製品を売ったときにいくら儲(もう)かるのかもわかりません。そのため，製品の原価を正確に計算することはとても重要なことなのです。

▶**商業簿記――たとえば，文房具ショップでは？**

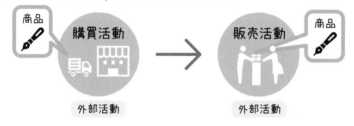

▶**工業簿記――たとえば，自動車メーカーでは？**

SECTION 2 原価

① 原価とは

「原価」とは具体的に何でしょうか。

原価は，企業の経営活動に必要な費用であり，製造原価，販売費，一般管理費に分類されます。これらの合計を「総原価」といいます。

原価計算の中心は，製造原価の計算です。

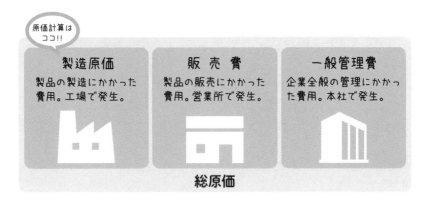

原価計算はココ!!

製造原価	販売費	一般管理費
製品の製造にかかった費用。工場で発生。	製品の販売にかかった費用。営業所で発生。	企業全般の管理にかかった費用。本社で発生。

総原価

POINT！
「どこで発生したのか」が分類するポイントです。

② 製造原価の分類

製造原価は，必要に応じて「形態別分類」と「製品との関連における分類」に大きく分かれます。この分類ごとに仕訳を行うため，とても重要です。

1　形態別分類——どのような原価が生じたか？

　製造原価は，どのような原価が生じたかにより，「材料費」，「労務費」，「経費」に分類されます。以下が，もっとも基本的な分類です。

材料費	製品の製造のために要した物品の消費高 例：素材費，買入部品費，工場消耗品費など
労務費	製品の製造のために要した労働力の消費高 例：賃金，給料，従業員賞与手当など
経　費	製品の製造のために要した物品・労働力以外の消費高 例：機械減価償却費，電力料，ガス料金など

2　製品との関連における分類——直接的に認識・計算されるか否か？

　製造原価は製品との関連によって，「製造直接費」と「製造間接費」に分かれます。

製造直接費	製品に対して直接に認識・計算される製造原価
製造間接費	製品に対して直接に認識・計算されなかった製造原価

　たとえば，工場でA型車とB型車を製造している自動車製造業の場合で考えてみましょう。

　1本3,000円のタイヤをA型車に4本取り付けた場合，A型車の材料費は12,000円（3,000円×4本）と計算できます。このように，**特定の製品に対して消費額を直接的に計算できる原価**を「製造直接費」といいます。

　一方で，工場全体の電気代が100,000円であった場合，A型車だけを製造するためにいくらの電気代が発生したかは具体的にわかりません。このように，**特定の製品に対して消費額を直接的に計算できない原価**を「製造間接費」といいます。

> **POINT！**
>
> ▶製造原価の分類
>
> | | | 製品との関連による分類 | |
> |---|---|---|---|
> | | | 製造直接費 | 製造間接費 |
> | 形態別分類 | 材料費 ← モノの消費 | 直接材料費 | 間接材料費 |
> | | 労務費 ← 人件費 | 直接労務費 | 間接労務費 |
> | | 経費 ← 材料費・労務費以外 | 直接経費 | 間接経費 |

SECTION 3 原価計算の手続き

合 格 の コ ツ　原価計算の流れを押さえておこう！

① 原価計算の手続き

　原価計算は，原則的に３つのステップを経て行われます。なお，例外的に第２段階の「部門別計算」は省略される場合があります。

▶原価計算の流れ

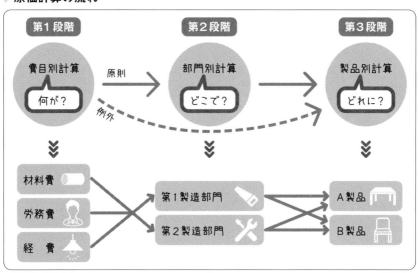

第１段階　**費目別計算**…製造原価を材料費・労務費・経費に分類し，その消費額を計算し，さらに製造直接費と製造間接費に分類測定します。

第２段階　**部門別計算**…費目別計算で把握された原価が，どこで発生したのか，または誰の責任で発生したのかを分類集計します。

第３段階　**製品別計算**…原価を一定の製品に集計し，製品の単位原価を計算します。

② 製品別計算の種類

　製品の生産方法はメーカーによってさまざまです。そこで，第3段階「製品別計算」では，生産方法の違いによって「個別原価計算」と「総合原価計算」のいずれかの方法を企業は採用します。

1　個別原価計算

　顧客の注文に応じて製品を生産する<ruby>個別受注生産形態<rt>こべつじゅちゅうせいさんけいたい</rt></ruby>（オーダーメイド）に適用される原価計算が，個別原価計算です。

▶**例**

2　総合原価計算

　同じ規格の製品を大量に生産する<ruby>大量見込生産形態<rt>たいりょうみこみせいさんけいたい</rt></ruby>に適用される原価計算が，総合原価計算です。

▶**例**

> **POINT！**
> ・個別原価計算→オーダーメイドで注文を受けてから作る企業が採用
> ・総合原価計算→既製品を大量に作り，お店に卸す企業が採用

③ 原価計算期間

工業簿記も商業簿記と同じく，**会計期間は通常1年間**です。

さらに工業簿記では，この会計期間とは別に原価計算を行うための「原価計算期間」を設けます。

この**原価計算期間は通常，暦の1ヵ月間**です。よって，月初は毎月の1日，月末は末日です。

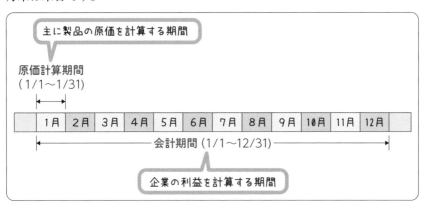

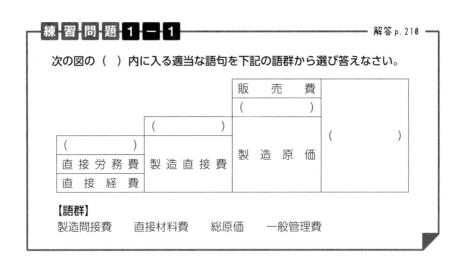

【語群】
製造間接費　　直接材料費　　総原価　　一般管理費

CHAPTER

2

工業簿記の記帳方法

このチャプターでは，工業簿記の勘定や仕訳を学習します。
各勘定が関連しているため，その関係性を理解することが
工業簿記では非常に重要です。

工業簿記の記帳方法

① 工業簿記で用いられる主な勘定科目

　それでは，工業簿記の記帳方法を学んでいきましょう。使用する主な勘定科目は以下のとおりです。それぞれの詳しい内容は後ほど学習します。

▶**主な勘定科目とその関係**

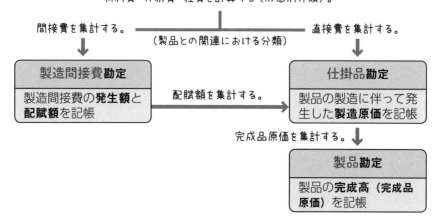

材料勘定	賃金給料勘定	経費勘定
材料の**購入額**と**消費額**を記帳	工場従業員に対する賃金給料の**支払額**と**消費額**を記帳	経費の**発生額**と**消費額**を記帳

材料費・労務費・経費を計算する（形態別分類）。

間接費を集計する。　　　　　　　　直接費を集計する。
（製品との関連における分類）

製造間接費勘定
製造間接費の**発生額**と**配賦額**を記帳

配賦額を集計する。

仕掛品勘定
製品の製造に伴って発生した**製造原価**を記帳

完成品原価を集計する。

製品勘定
製品の**完成高（完成品原価）**を記帳

② 工業簿記の記帳方法

解説動画⇨

工業簿記では，記帳の流れや全体の体系を把握しておかないと，自分がどこの計算をしているのかが途中でわからなくなってしまいます。

ここでは，以下の体系図で記帳の流れを確認しましょう。

▶記帳の流れ

手順❶ 材料勘定，賃金給料勘定，経費勘定では，**直接費**と**間接費**に分類しながら，材料費，労務費，経費を計算します。

手順❷ 直接費は**仕掛品**勘定に集計し，間接費は**製造間接費**勘定に集計します。

手順❸ 製造間接費を製品に配賦し，製造間接費勘定の金額を仕掛品勘定に集計します。

手順❹ 仕掛品勘定には直接費と間接費がすべて集計されます。そのうち，完成品を作るためにかかった原価を製品勘定に集計します。

▶工業簿記の記帳体系

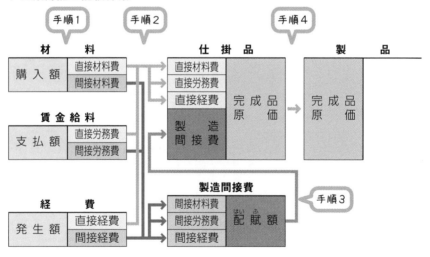

POINT !
- 材料，賃金給料，経費，製造間接費→それぞれの金額を計算する勘定
- 仕掛品→製品の原価を計算する勘定
- 製品→完成品原価の勘定

③ 金額を集計する方法（振替仕訳）

先ほどの体系図を見ると，材料勘定から仕掛品勘定に，さらに仕掛品勘定から製品勘定に，という流れがありました。

このように金額を集計するために，簿記では「振替仕訳」を行います。

振替仕訳は，**ある勘定から他の勘定に金額を振り替える（移す）ための仕訳**です。

たとえば，A勘定の借方残高5,000円のうち3,500円をB勘定に移す場合を見てみましょう。

手順① A勘定の貸方に3,500円を記帳し，A勘定の残高を減らします。

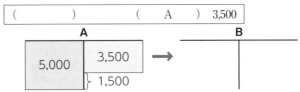

手順② A勘定から減らした3,500円をB勘定の借方に記帳します。

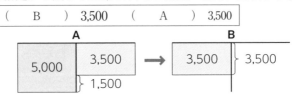

これでA勘定の借方残高のうち3,500円をB勘定の借方に移すことができました。

> **POINT！**
> 振替仕訳によって，仕掛品勘定や製造間接費勘定に金額を集計します。
> 減らすときは貸方，増やすときは借方と押さえましょう。

④ 材料勘定の記帳

それでは，各勘定の記帳について，具体例で見ていきましょう。
まずは材料勘定です。

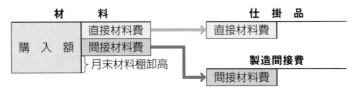

取引❶ **材料の購入時** 材料80,000円を掛けで購入した。

手順❶ 買掛金が増加するため，まずは次のように考えます。

（　　　　　　　）		（買　掛　金）	80,000

手順❷ 材料が増加するため，次のように仕訳します。

（材　　　料）	80,000	（買　掛　金）	80,000

取引❷ **材料の消費時** 材料70,000円を，直接材料費として50,000円，間接材料費として20,000円消費した。

手順❶ 金額を振り替えるために材料を減らします。

（　　　　　　　）		（材　　　料）	70,000

手順❷ 直接材料費は仕掛品勘定へ集計します。

（仕　掛　品）	50,000	（材　　　料）	70,000

手順❸ 間接材料費は製造間接費勘定へ集計します。

（仕　掛　品）	50,000	（材　　　料）	70,000
（製造間接費）	20,000		

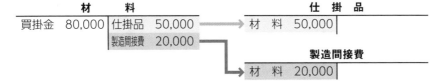

NOTE !

工業簿記では通常，「諸口」は使わずに相手科目を記帳します。

⑤ 賃金給料勘定の記帳

次は，賃金給料勘定について見てみましょう。

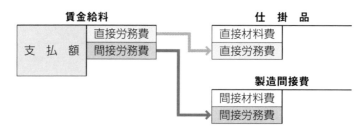

取引❸ **賃金給料の支払時** 賃金給料120,000円を現金で支給した。

手順❶ 現金が減少するため，まずは次のように考えます。

（　　　　　）		（現　　　金）	120,000

手順❷ 賃金給料が増加するため，次のように仕訳します。

（賃 金 給 料）	120,000	（現　　　金）	120,000

取引❹ **賃金給料の消費時** 賃金給料のうち，直接労務費として90,000円，間接労務費として30,000円消費した。

手順❶ 金額を振り替えるために賃金給料を減らします。

（　　　　　）		（賃 金 給 料）	120,000

手順❷ 直接労務費は仕掛品勘定へ集計します。

（仕　掛　品）	90,000	（賃 金 給 料）	120,000

手順❸ 間接労務費は製造間接費勘定へ集計します。

（仕　掛　品）	90,000	（賃 金 給 料）	120,000
（製造間接費）	30,000		

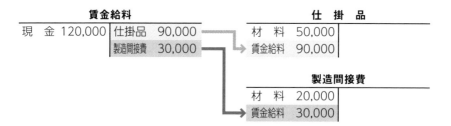

14

⑥ 経費勘定の記帳

続けて，経費勘定の記帳について見てみましょう。

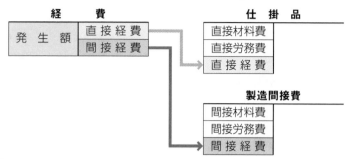

取引⑤ **経費の発生時** 経費80,000円を現金で支払った。

手順❶ 現金が減少するため，まずは次のように考えます。

（　　　　　）		（現　　金）	80,000

手順❷ 経費が増加するため，次のように仕訳します。

（経　　費）	80,000	（現　　金）	80,000

取引⑥ **経費の消費時** 経費のうち，直接経費として20,000円，間接経費として60,000円消費した。

手順❶ 金額を振り替えるために経費を減らします。

（　　　　　）		（経　　費）	80,000

手順❷ 直接経費は仕掛品勘定へ集計します。

（仕　掛　品）	20,000	（経　　費）	80,000

手順❸ 間接経費は製造間接費勘定へ集計します。

（仕　掛　品）	20,000	（経　　費）	80,000
（製造間接費）	60,000		

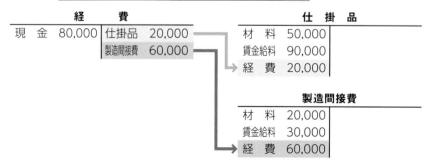

⑦ 製造間接費勘定の記帳

　材料勘定，賃金給料勘定，経費勘定というここまでの記帳によって，製造間接費勘定の借方には，今月実際に発生した製造間接費が記帳されています。

　この製造間接費は，「どの製品にいくらかかったのか」がわからない原価の総額です。わからないなら，**一定の基準（製品の製造に要した時間数など）によって各製品に割り当てる**しかありません。この手続きを製造間接費の「配賦」といいます（詳細はチャプター4で学習します）。

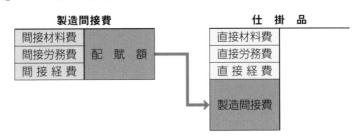

取引⑦ **製造間接費の配賦時**　製造間接費110,000円を製品に配賦した。

手順❶ 金額を振り替えるために製造間接費を減らします。

（　　　　　　）	（製造間接費）　110,000

手順❷ 製造間接費配賦額は仕掛品勘定へ集計します。

（仕　掛　品）　110,000	（製造間接費）　110,000

　各製品に原価を割り当てる配賦手続きによって，製造間接費も製造直接費と同じように製品別の原価を集計することができました。よって，配賦額は仕掛品勘定に集計します。

⑧ 仕掛品勘定の記帳

材料勘定, 賃金給料勘定, 経費勘定, 製造間接費勘定というここまでの記帳によって, **仕掛品勘定の借方には, 今月の製造原価の総額（製造直接費＋製造間接費）が記帳された**ことになります。

このうち, 完成品を製造するためにかかった原価を製品勘定に振り替えます。

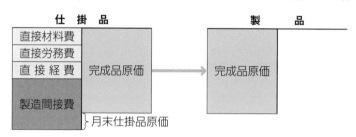

取引⑧ 製品の完成時 製品200,000円が完成した。

手順① 金額を振り替えるために仕掛品を減らします。

（ ）	（仕 掛 品）	200,000

手順② 完成品原価は製品勘定へ振り替えます。

（製 品）	200,000	（仕 掛 品）	200,000

仕　掛　品

材　料	50,000	製　品	200,000
賃金給料	90,000		
経　費	20,000		
製造間接費	110,000		

製　品

仕掛品	200,000	

仕掛品勘定の借方合計270,000円と完成品原価200,000円との差額である70,000円の借方残高は, 月末における未完成品（仕掛品）を製造するためにかかった原価を示します。これを「**月末仕掛品原価**」といいます。

> **POINT !**
> ・未完成品→仕掛品
> ・未完成品に対する原価→月末仕掛品原価

次の取引の仕訳と勘定記入を行いなさい。なお，勘定記入は相手科目と金額のみでよく，また締め切る必要はない。

① 材料70,000円を掛けで仕入れた。
② 材料66,000円を直接材料費として45,000円，間接材料費として21,000円消費した。
③ 賃金給料122,000円から預り金17,000円を差し引き，差額を現金で支払った。
④ 賃金給料のうち直接労務費として101,000円，間接労務費として21,000円消費した。
⑤ 経費56,000円を現金で支払った。
⑥ 経費のうち直接経費として21,000円，間接経費として35,000円消費した。
⑦ 製造間接費77,000円を，一定の基準により製品に配賦した。
⑧ 製品140,000円（製造原価）が完成した。

材　　料

```
               |
               |
---------------+---------------
               |
```

賃 金 給 料

```
               |
               |
---------------+---------------
               |
```

経　　費

```
               |
               |
---------------+---------------
               |
```

製 造 間 接 費

```
               |
               |
---------------+---------------
               |
```

仕 掛 品

```
               |
               |
               |
---------------+---------------
               |
```

製　　品

```
               |
               |
```

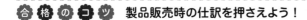

SECTION 2 製品販売時の記帳方法

合 格 の コ ツ 製品販売時の仕訳を押さえよう！

次に，完成した製品を販売するときの記帳を見てみましょう。工業簿記では，製品を販売した場合，売上高に関する仕訳とその売上原価に関する仕訳を両方同時に行います。これを両建法（売上原価計上法）といいます。

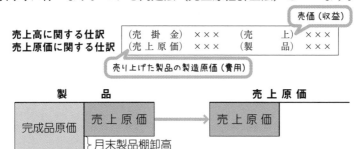

売価（収益）

売上高に関する仕訳	（売 掛 金）	×××	（売 上）	×××
売上原価に関する仕訳	（売 上 原 価）	×××	（製 品）	×××

売り上げた製品の製造原価（費用）

製 品		売 上 原 価
完成品原価	売 上 原 価 →	売 上 原 価
	月末製品棚卸高	

取引❾ 製品の販売時 製品150,000円（原価）を250,000円で掛販売した。

手順❶ 売価で掛売上を仕訳します。

（売 掛 金）	250,000	（売 上）	250,000

手順❷ 金額を振り替えるために製品を減らします。

（売 掛 金）	250,000	（売 上）	250,000
（ ）		（製 品）	150,000

手順❸ 販売した製品の原価は売上原価勘定へ振り替えます。

（売 掛 金）	250,000	（売 上）	250,000
（売 上 原 価）	150,000	（製 品）	150,000

製 品		売 上 原 価	
仕掛品 200,000	売上原価 150,000 →	製 品 150,000	

製品勘定の借方200,000円と売上原価150,000円との差額である50,000円の借方残高は，月末における未販売品（売れ残り）を製造するためにかかった原価を示します。

個別原価計算の方法 （記帳体系）

合格のコツ 完成品原価の計算方法を押さえよう！

① 個別原価計算の手続き

　個別原価計算を適用する企業は，オーダーメイドで製品を製造しているので，**製品ごと（お客ごと）の原価を個別に計算**しなければなりません。そのため，「原価計算表」を作って，「製造指図書」ごとの原価を集計します。

ステップ①　製造指図書の発行

　受注した特定製品ごとに製造現場に**製造指図書を**発行します。この製造指図書ごとに番号が付され，その番号により特定製品を識別します。この番号を，「指図書番号」といいます。

製造指図書			
No. 101		×年×月×日	
……	……	……	……
―	―	―	―

ステップ②　原価計算表の発行

　製造指図書ごとに，製造原価を集計するために**原価計算表**を用意し，指図書番号と同じ番号を記入します。

原価計算表			
指図書番号101		×年×月×日	
……	……	……	……
―	―	―	―

ステップ③　特定製品の製造

　製造現場で特定製品を製造します。この製造過程で製造原価が発生します。

ステップ④　原価計算表の記入

　特定製品ごとの製造原価が集計されます。完成品の製造指図書に集計された原価が**完成品原価**，仕掛中（製造中）の製造指図書に集計された原価が**月末仕掛品原価**です。

原価計算表	No. 101
直接材料費	×××
直接労務費	×××
直接経費	×××
製造間接費	×××
合　計	×××
備　考	完成

② 原価計算表を作成してみよう

それでは，以下の資料をもとに，実際に原価計算表を作成してみましょう。

資料

直接材料費 材料を製造指図書No.1に50,000円，No.2に70,000円消費した。

直接労務費 賃金給料を製造指図書No.1に90,000円，No.2に30,000円消費した。

直接経費 経費を製造指図書No.1に30,000円消費した。

製造間接費 製造間接費を製造指図書No.1に90,000円，No.2に60,000円配賦した。

完成品 製造指図書No.1が完成した。なお，No.2は月末現在未完成である。

手順

> 資料から金額を書き込みます。

原価計算表 （単位：円）

摘　要	製造指図書No.1	製造指図書No.2	合　計
直接材料費	50,000	70,000	120,000
直接労務費	90,000	30,000	120,000
直接経費	30,000	－	30,000
製造間接費	90,000	60,000	150,000
合　計	260,000	160,000	420,000
備　考	完　成	仕掛中	

この原価計算表を見れば，製造指図書No.1の260,000円が完成品原価であり，製造指図書No.2の160,000円が月末仕掛品原価ということがわかります。

> **POINT！**
> 個別原価計算の問題を解くときは，原価計算表を作成しましょう。
> 完成品原価は原価計算表を作らないと計算できません！

CHAPTER 2 工業簿記の記帳方法

③ 原価計算表と仕掛品勘定の関係

　原価計算表と仕掛品勘定の関係を理解しておくことで，**原価計算表が作成できれば，仕掛品勘定を作成することができる**ようになります。

　また，工業簿記では１ヵ月ごとに原価を計算して記帳するので，３級の商業簿記で学んだ次期繰越ではなく，「**次月繰越**」と記入して仕掛品勘定を締め切ります。これは材料勘定なども同様です。

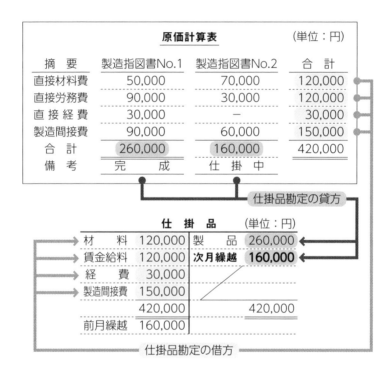

　次の取引を仕訳し，仕掛品勘定，製造間接費勘定および原価計算表の記入を行い，勘定を締め切りなさい。なお，勘定記入は相手科目と金額のみでよい。

① 購入した材料のうち，製造指図書No. 101に30,000円，No. 102に20,000円および間接材料費として20,000円消費した。

② 当月支払った賃金給料のうち，製造指図書No. 101に70,000円，No. 102に20,000円および間接労務費として30,000円消費した。

③ 支払った経費のうち，製造指図書No. 101に20,000円および間接経費として60,000円消費した。

④ 製造間接費を一定の基準により製造指図書No. 101に80,000円，No. 102に30,000円配賦した。

⑤ 製造指図書No. 101が完成した，なお，No. 102は月末現在未完成である。

仕　掛　品

製造間接費

原価計算表　　　　　　　　（単位：円）

摘　要	製造指図書No.101	製造指図書No.102	合　計
直接材料費			
直接労務費			
直接経費			
製造間接費			
合　計			
備　考			

ようこそ！　工業簿記（原価計算）の世界へ

　工業簿記（原価計算）の知識は，日々の生活でも活用できる実践的なものです。

　別世界の話だと思わずに，ぜひ楽しみながら学習してみてください！

❶　定期券を買う？　買わない？　—操業度差異の活用—

　チャプター４で学んだ**操業度差異**は，皆さんが「定期を買うか，買わないか」を考えるときにも役立ちます。

　１ヵ月の定期券代は何回電車に乗っても金額が変わらない**固定費**です。**基準操業度**を31日とすると，**実際操業度**は何日電車に乗ったのかになります。実際に電車に乗った日が少ないほど，操業度差異は**不利差異**となります。

　長期休暇の月は，操業度差異を計算して定期券を買うか否かを判断してみてください。

❷　主役から会費を集めないときは？　—正常減損費の活用—

　歓迎会や送別会など，その会の主役から費用を回収しない場合は，主役を**減損**として扱いましょう。ここでは，チャプター９で学ぶ方法が活用できます。

　たとえば，主役を含め20人の会であれば，20人分の費用を計算し，主役の数を度外視した人数で割って，１人当たりの費用を計算します。これで主役分を19人で負担した会費を設定できます。

❸　工業簿記（原価計算）の世界はまだまだ広がる！

　さらに，日商簿記１級の学習では，「昼食を作るべきか，買うべきか」を判断する**意思決定**や，「安いけど燃費が悪い車と，高いけど燃費が良い車のどちらを買うべきか」という**ライフサイクル・コスティング**などを学習します。

　ぜひ上の級にもチャレンジしてみましょう！

原価の費目別計算

このチャプターでは, 材料費・労務費・経費の計算
および記帳を学びます。
計算図 (計算過程) の作り方を中心に取り組んでください。

材料費の計算

① 材料と材料費

材料とは，製品を製造するために消費される物品のことです。

この物品を**製品製造のために消費したとき**，つまり必要なときに作業現場に出庫したとき，その消費高を「材料費」といいます。

▶ **材料の流れ**

② 材料費の分類

材料費は，特定の製品に対して**直接に認識・計算されるか否か**によって，直接材料費と間接材料費に分類されます。

1 直接材料費──特定の製品に対して直接に認識・計算される材料費

素 材 費	物理的な加工がされて，製品（たんす・机など）の主要な構成部分となる物品の消費額 例：家具製造業における木材
原 料 費	化学的な加工がされて，製品（ガソリンなど）の主要な構成部分となる物品の消費額 例：石油精製業における原油
買入部品費	外部から購入し，そのまま製品に取り付けられて製品の組成部分となる物品（部品）の消費額 例：自動車製造業におけるタイヤ，計器類

用語チェック ✔ **出庫** …… 保管している倉庫から払い出しされること

2 間接材料費──特定の製品に対して直接に認識・計算されなかった材料費

燃 料 費	🛢	熱源として利用される物品（燃料）の消費額 例：重油，コークス
工場消耗品費	💧	製品の製造のために，補助的に使用される物品（工場消耗品）の消費額 例：機械油，屑布
消耗工具器具備品費	✖	耐用年数が1年未満もしくは比較的価額の低い物品の消費額 例：スパナ，ドライバー

なお，素材費（原料費）の大部分は直接材料費となりますが，修繕などに使用する場合には，間接材料費となります。

POINT！

▶材料費の分類

形態別分類	製品との関連における分類
買入部品費	直接材料費
素材費（原料費）	直接材料費
燃料費	間接材料費
工場消耗品費	間接材料費
消耗工具器具備品費	間接材料費

③ 材料の購入原価と記帳

材料を購入したときに，購入代価（購入した材料そのものの金額）のほかに**購入手数料や引取運賃などの付随費用が生じる**ことがあります。この付随費用を「材料副費」といいます。

材料の購入原価は，購入代価に付随費用を加算して計算します。

購入原価＝購入代価＋付随費用（材料副費）

取引 材料100,000円を掛けで仕入れ，引取運賃5,000円は現金で支払った。

手順① 買掛金が増加し，現金が減少するため，まずは次のように考えます。

( )	（買 掛 金）	100,000
	（現 金）	5,000

手順② 材料が増加するため，次のように仕訳します。

（材 料）	105,000	（買 掛 金）	100,000
		（現 金）	5,000

購入原価　100,000円（購入代価）＋5,000円（付随費用）＝105,000円

POINT！

商業簿記では付随費用を「仕入」に含めました。
工業簿記では「材料」に含める，と押さえましょう。

④ 材料副費

材料副費は，さらに以下の2つに分けられます。

外部材料副費	材料の仕入先から納入されるまでにかかる引取費用 例：買入手数料，引取運賃など
内部材料副費	材料の発注手続き，倉庫への搬入・保管，倉庫から作業現場 に引き出されるまでにかかる材料取扱費 例：購入事務費，検収費，保管費など

材料の購入原価には**①外部材料副費のみを加算する場合**と**②外部材料副費**
と内部材料副費を加算する場合があります。

①　**購入原価＝購入代価＋外部材料副費**

②　**購入原価＝購入代価＋外部材料副費＋内部材料副費**

内部材料副費を購入原価に含める場合は，購入時点で発生額が判明しない
ため，予定額で**材料副費勘定**の貸方に記帳します。

取 引 材料1,600,000円を掛けで購入した。引取費用64,000円は現金で支払った。なお，当社は材料の購入代価に引取費用の実際額を加算し，内部材料副費（購入代価の5％）を加算して，購入原価を計算している。

手順❶ まずは仕訳の貸方を次のように考えます。

(	)	（買 掛 金）	1,600,000	←購入代価
		（現 金）	64,000	←外部材料副費
		（材 料 副 費）	80,000	←内部材料副費

内部材料副費 1,600,000円（購入代価）× 5％＝80,000円

手順❷ 材料が増加するため，貸方の合計額で次のように仕訳します。

（材 料）	1,744,000	（買 掛 金）	1,600,000
		（現 金）	64,000
		（材 料 副 費）	80,000

購 入 原 価 1,600,000（購入代価）＋64,000円（引取費用）
＋80,000円（内部材料副費）＝1,744,000円

POINT！
仕訳の貸方を考えてから，合計額で借方材料と仕訳しましょう！

⑤ 材料費の計算（実際消費量の計算）

実際に材料費を計算してみましょう。材料費は通常，次のように計算します。

材料費＝実際消費量×消費価格

まず，「実際消費量」は，継続記録法または棚卸計算法で計算します。なお，検定試験では，消費量が直接与えられているか否かでどちらの方法かを判断します。

それぞれの計算方法を詳しく見ていきましょう。

1 継続記録法

継続記録法は，材料の数量を継続的に記録することで，**実際消費量を把握する方法**です。

- ⓘ 前月からの繰越量(くりこしりょう)を把握する。
- ⓘⓘ 購入時に購入量を記録する。
- ⓘⓘⓘ 消費時に消費量を記録する（指図書番号がわかる場合は「直接材料費」，わからない場合は「間接材料費」）。
- ⓘⓥ 月末に帳簿棚卸量(ちょうぼたなおろしりょう)を計算する。
- ⓥ 材料の実在量調査（実地棚卸(じっちたなおろし)）を行い，**実地棚卸量**を把握する。
- ⓥⓘ 棚卸減耗(たなおろしげんもう)を把握する。

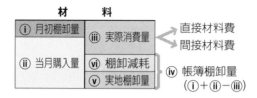

> **POINT！**
> 月末の帳簿棚卸量と実地棚卸量を比較することで，材料が保管中にどのくらいなくなったのか（棚卸減耗）を把握できます。

2 棚卸計算法

棚卸計算法は，材料の購入量のみを記録し，**実際消費量は月末の実地棚卸によって計算する方法**です。

- ⓘ 前月からの繰越量を把握する。
- ⓘⓘ 購入時に購入量を記録する。
- ⓘⓘⓘ 材料の実在量調査（実地棚卸）を行い，**実地棚卸量**を把握する。
- ⓘⓥ 当月の実際消費量を差引で計算する。

> **POINT！**
> 1ヵ月分の消費量合計を差引計算で求めるため，消費額はすべて間接材料費となり，棚卸減耗は把握できません。

用語チェック ✔ **棚卸減耗** …… p.40で確認します。

それでは，次の資料にもとづいて，材料費を計算してみましょう。なお，棚卸計算法により実際消費量を計算します。

資　料

前月繰越高	100kg	@200円	20,000円
当月購入高	1,000kg	@200円	200,000円
当月出庫高	？ kg		
月末実地棚卸高	150kg	@200円	30,000円

手順❶ 材料のボックス図を書いて実際消費量を計算します。

材　料	
月初　　　　100kg	消費　　　　950kg
購入　　　1,000kg	月末　　　　150kg

差引で求める。

実際消費量　100kg＋1,000kg－150kg＝950kg

手順❷ 材料費を計算します。

材　料	
月初　　　　100kg 　　　　20,000円 　　　　@200円	消費　　　　950kg 　　　190,000円 　　　　@200円
購入　　　1,000kg 　　　200,000円 　　　　@200円	月末　　　　150kg 　　　　30,000円 　　　　@200円

すべて
間接材料費になる！

間接材料費　950kg（実際消費量）×@200円（消費価格）＝190,000円

　　　　　　　　または

　　　　　　　　20,000円＋200,000円－30,000円＝190,000円

⑥ 材料費の計算（消費価格の計算）

材料費＝実際消費量×消費価格

次に，「消費価格」の計算方法を見てみましょう。消費価格には，**実際消費価格**と**予定消費価格**があります。

1 実際消費価格

実際消費価格（実際の購入単価にもとづいた価格）は，次のいずれかの方法で計算します。

> ❶ **先入先出法**…先に購入した材料から先に出庫すると仮定して計算
> ❷ **平　均　法**…材料の平均単価を計算
> 　　　　　　　　　・**移動平均法**…購入のつど平均単価を計算
> 　　　　　　　　　・**総平均法**…一定期間の平均単価を計算

それでは次の資料にもとづいて，消費価格を❶**先入先出法**，❷**総平均法**による場合の材料費を計算してみましょう。なお，実際消費量は継続記録法で把握しています。

【資　料】

5月1日　前月繰越　A材料200kg　@300円　60,000円

　　10日　A材料800kgを@320円で掛購入した。

　　15日　A材料550kgを製造指図書No.8に出庫した。

　　20日　A材料300kgを出庫した。

　　31日　帳簿棚卸量　A材料　150kg

【手順❶】 <u>実際消費量は継続記録法による</u>ため，製造指図書番号の指定がある消費量（5/15）に消費価格を乗じた金額は**直接材料費**になります。
　　　　製造指図書番号の指定がない消費量（5/20）に消費価格を乗じた金額は，**間接材料費**になります。
　　　　まずはこの点を念頭においておきましょう。

手順❷ その上で，以下のようなボックス図を書いて材料費を求めます。

❶ 先入先出法

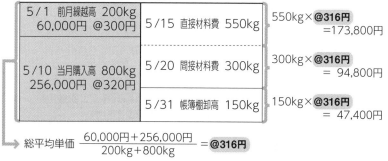

A 材 料

5/1 前月繰越高 200kg 60,000円 @300円	5/15 直接材料費 550kg	200kg×@300円＝ 60,000円 350kg×@320円＝112,000円 172,000円
5/10 当月購入高 800kg 256,000円 @320円	5/20 間接材料費 300kg	300kg×@320円＝ 96,000円
	5/31 帳簿棚卸高 150kg	150kg×@320円＝ 48,000円

CHAPTER 3 原価の費目別計算

直接材料費（5月15日） 200kg×@300円＋350kg×@320円＝172,000円

間接材料費（5月20日） 300kg×@320円＝96,000円

❷ 総平均法

A 材 料

5/1 前月繰越高 200kg 60,000円 @300円	5/15 直接材料費 550kg	550kg×@316円 ＝173,800円
5/10 当月購入高 800kg 256,000円 @320円	5/20 間接材料費 300kg	300kg×@316円 ＝ 94,800円
	5/31 帳簿棚卸高 150kg	150kg×@316円 ＝ 47,400円

総平均単価 $\dfrac{60,000円＋256,000円}{200kg＋800kg}$ ＝ **@316円**

直接材料費（5月15日） 550kg×@316円＝173,800円

間接材料費（5月20日） 300kg×@316円＝ 94,800円

2 予定消費価格

1で学習したように，実際消費価格は先入先出法などで計算する必要があるため，計算に手間がかかります。そこで，**材料費を素早く計算するために**，あらかじめ，材料の消費価格を1kg当たりいくらと予定しておき，その予定消費価格で材料費を計算する場合があります。

それでは，次の資料にもとづいて，材料費を計算しましょう。なお，予定消費価格は@310円です。

5月1日　前月繰越　Ａ材料200kg　@300円　60,000円

　　10日　Ａ材料800kgを@320円で掛購入した。

　　15日　Ａ材料550kgを製造指図書No.8に出庫した。

　　20日　Ａ材料300kgを出庫した。

　　31日　帳簿棚卸量　Ａ材料　150kg

手　順

Ａ　材　料

5/1　前月繰越高　200kg 60,000円　@300円	5/15　直接材料費　550kg 170,500円　**@310円**
5/10　当月購入高　800kg 256,000円　@320円	5/20　間接材料費　300kg 93,000円　**@310円**

予定消費価格
で計算する！

直接材料費（５月15日出庫分）　550kg×@310円＝170,500円

間接材料費（５月20日出庫分）　300kg×@310円＝ 93,000円

POINT！

問題文に「予定消費価格は○○円」と指示があれば，予定消費価格を
使用し，なければ実際消費価格を使用しましょう。

練習問題 3－1　　　　　　　　　　　　　　　　　　　解答 p.211

　次の取引の仕訳と材料勘定の記入を行いなさい。なお，実際消費量は継続
記録法，消費価格は先入先出法で計算する。

7月1日　前月繰越　Ｃ材料200kg　@300円　60,000円

　　8日　Ｃ材料800kgを@320円で掛購入した。

　　15日　Ｃ材料550kgを製造指図書No.10に出庫した。

　　20日　Ｃ材料350kgを間接材料として出庫した。

　　31日　帳簿棚卸高　Ｃ材料100kg

材　　料	
7/1　前月繰越　60,000	

⑦ 材料費の記帳

　ここまでの計算で材料勘定が完成しました。材料費が計算されたら，**直接材料費は材料勘定から仕掛品勘定へ**，**間接材料費は材料勘定から製造間接費勘定へ**振り替えます。

▶ **実際消費価格の場合**

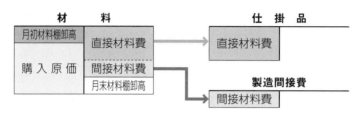

▶ **予定消費価格の場合（予定＜実際のケース）**

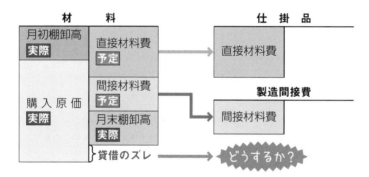

1　材料勘定のズレは何なのか？

　予定消費価格の場合，購入時は実際額で材料勘定に記帳します。

　その後，予定消費価格で材料費を計算した場合，材料勘定の貸借はズレてしまうことになります。

　このズレは，実際消費価格による材料費と予定消費価格による**材料費の差**です。材料を予定消費価格で計算したことによるズレなので，これを「材料消費価格差異」といいます。

　材料消費価格差異は，**原価差異**とよばれるものの一種です。

用語チェック　✔ **原価差異** …… 予定額で計算した原価と実際額で計算した原価との差額

2　材料消費価格差異の把握方法

材料消費価格差異は次のように計算されます。

材料消費
価格差異 ＝ 予定消費価格による材料費 － 実際消費価格による材料費
　　　　　（実際消費量×予定消費価格）　　（実際消費量×実際消費価格）

● マイナスの場合 予定＜実際 →借方差異（原価差異勘定の借方に記帳）

● プラスの場合 予定＞実際 →貸方差異（原価差異勘定の貸方に記帳）

なお，借方差異は「不利差異」，貸方差異は「有利差異」ともよばれます。

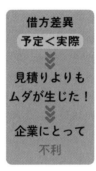

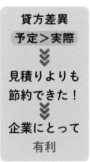

POINT！

予定よりも実際が高い，もしくは安いことは企業にとって有利なのか，
不利なのかで借方差異か貸方差異かを判断しましょう。

3 材料消費価格差異の処理

把握された材料消費価格差異はどのように仕訳されるのでしょうか。

▶**借方差異の場合**──予定よりも実際の消費価格のほうが高かった。

| （材料消費価格差異） | ×××　| （材　　　　料） | ××× |

借方差異は，材料消費価格差異勘定の借方に記帳します。そして，貸方に材料と仕訳することにより，材料勘定を貸借一致させ，勘定を締め切れるようにします。

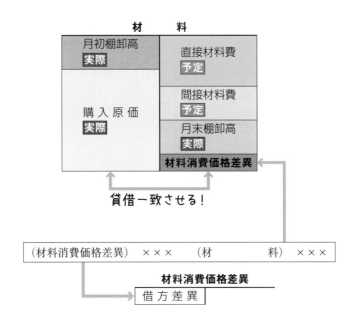

それでは，次の取引の仕訳および勘定記入を行ってみましょう。なお，実際消費量は継続記録法，実際消費価格は先入先出法で計算します。

ただし，当社は予定消費価格@310円により材料費を計算しています。

取引

5月1日　前月繰越　A材料200kg　@300円　60,000円

　　10日　A材料800kgを@320円で掛購入した。

　　15日　A材料550kgを製造指図書No.8に出庫した。

　　20日　A材料300kgを間接材料として出庫した。

　　31日　帳簿棚卸高　A材料150kg

手順❶ 材料のボックス図を書いて予定消費価格による材料費を計算します。

A　材　料

月初　　　　　200kg 60,000円　@300円	直接材料費　550kg 170,500円　@310円
	間接材料費　300kg 93,000円　@310円
購入　　　　　800kg 256,000円　@320円	

手順❷ 実際消費価格による材料費を計算します（先入先出法）。

直接材料費　200kg×@300円 ＝　　60,000円

　　　　　　　350kg×@320円 ＝　112,000円

間接材料費　300kg×@320円 ＝　　96,000円

　　　　　　　　　　　　　　　　268,000円

手順❸ 予定と実際の材料費の差で材料消費価格差異を計算します。

材料消費価格差異

（170,500円＋93,000円）－268,000円＝4,500円（借方差異）

手順④ 実際価格で月末棚卸高を計算します。

帳簿棚卸高（次月繰越） 150kg × @320円 = 48,000円

<table>
<tr><td colspan="2" align="center">A　材　料</td></tr>
<tr>
<td rowspan="2">月初　　　200kg
60,000円 @300円</td>
<td>直接材料費　550kg
170,500円 @310円</td>
</tr>
<tr>
<td>間接材料費　300kg
93,000円 @310円</td>
</tr>
<tr>
<td rowspan="2">購入　　　800kg
256,000円 @320円</td>
<td>材料消費価格差異
4,500円（借方差異）</td>
</tr>
<tr>
<td>月末　　　150kg
48,000円 @320円</td>
</tr>
</table>

手順⑤ ボックス図を参考にして仕訳と勘定記入をします。

日付	借方	金額	貸方	金額
5 / 10	（材　　　料）	256,000	（買　　掛　　金）	256,000
15	（仕　　掛　　品）	170,500	（材　　　料）	170,500
20	（製　造　間　接　費）	93,000	（材　　　料）	93,000
31	（材料消費価格差異）	4,500	（材　　　料）	4,500

材　料

5 / 1 前　月　繰　越	60,000	5 / 15 仕　　掛　　品	170,500
10 買　　掛　　金	256,000	20 製　造　間　接　費	93,000
		31 材料消費価格差異	4,500
		〃 **次　月　繰　越**	**48,000**
	316,000		316,000

材料消費価格差異

5 / 31 材　　　料　　4,500	

⑧ 材料の棚卸減耗

棚卸減耗とは，材料の保管中に，材料の変質や蒸発などによって数量が減少することをいいます。この減少額を「棚卸減耗損」といいます。

$$棚卸減耗損＝帳簿棚卸高－実地棚卸高$$

正常な原因によって生じた材料の棚卸減耗損は，「間接経費」として処理します。棚卸減耗損は，作業現場における材料の消費ではないため，間接材料費とはならないので，注意しましょう。

なお，棚卸減耗が生じた場合は，棚卸減耗損を除いた月末実地棚卸高が材料勘定の「次月繰越」の金額となります。

それでは，次の資料にもとづいて，棚卸減耗に関する仕訳を行ってみましょう。

資 料

5月31日　帳簿棚卸高　A材料　150kg　@320円　48,000円
　　　　　実地棚卸高　A材料　120kg

手順❶ 棚卸減耗損は次のように計算します。

　　　（150kg－120kg）×@320円＝9,600円

手順❷ 棚卸減耗損は間接経費として，材料勘定から製造間接費勘定へ振り替えます。

5/31	（製造間接費）	9,600	（材　　　料）	9,600

POINT！
帳簿棚卸高と実地棚卸高の差が棚卸減耗損です！

次の取引の仕訳と材料勘定の記入を行いなさい。なお，実際消費量は継続記録法，消費価格は先入先出法で計算する。また，当社は予定消費価格@400円により材料費を計算している。

6月1日　前月繰越　X材料350kg　@400円　140,000円

　　3日　X材料210,000円（500kg）を掛けで購入した。

　　10日　X材料450kgを製造指図書No. 1に出庫した。

　　15日　X材料300kgを間接材料として出庫した。

　　30日　X材料の材料消費価格差異を計上した。

　　〃　　X材料の月末実地棚卸量は80kgであり，棚卸減耗損を計上した。

	材　　料	
6/1　前月繰越　140,000		

労務費の計算

SECTION 2

合 格 の コ ツ　労務費の計算図（計算過程）を押さえよう！

① 労務費

　製品の製造を行う工場では，工員，事務職員，監督者などの人たちが働いています。これらの**労働者が製品の製造のために労働力を消費することによって発生する原価**を「労務費」といいます。

　この労働力は，従業員から提供を受けると同時にこれを消費し，その後，対価を支払うことになります。したがって，支払い（購入）と消費の順序が，材料と労働力では異なります。

　また，工員には主に製品の加工作業を行う**直接工**（ちょくせつこう）と，機械の修繕，材料や製品の運搬などを行う**間接工**（かんせつこう）がいます。

② 労務費の分類

　労務費は，特定の製品に対して**直接に認識・計算されるか否か**によって，直接労務費と間接労務費に分類されます。

1　直接労務費──特定の製品に対して直接認識・計算される労務費

直接工の直接作業に対する賃金	直接工の作業のうち，どの製品のための作業かが明らかな部分に対する賃金

用語チェック
✔ **雑給** …… パートタイマーやアルバイトに対して支払われる給与
✔ **退職給付費用** …… 2級商業簿記で学習します
✔ **法定福利費** …… 社会保険料などの企業負担額

2　間接労務費——特定の製品に対して直接認識・計算されなかった労務費

直接工の直接作業に対する賃金以外の労務費	直接工の間接作業に対する賃金，間接工賃金，事務職員への給料，パートタイマーへの雑給，従業員賞与手当，退職給付費用，法定福利費など

POINT！

**直接労務費となる賃金をしっかり押さえましょう。
直接労務費以外の労務費が間接労務費です。**

③ 賃金給料の支払額の計算と記帳

　一般的に，賃金給料の支払時には，源泉所得税等や社会保険料の従業員負担額が控除されます。従業員が給与支給日に受け取る金額を「手取額」といいます。

現金支給額 （手取額）	＝	給与支給総額	－	諸控除額
		基本給に残業手当や通勤手当などを加算した総支給額 支給総額＝支払賃金＋従業員諸手当		源泉所得税等や社会保険料の従業員負担額

取引　工場従業員に対し，賃金給料970,000円から源泉所得税等140,000円を差し引いた残額830,000円を現金で支給した。

手順　賃金給料，預り金が増加し，現金が減少するため，次のように仕訳します。

（賃 金 給 料）	970,000	（預 り 金）	140,000
		（現 金）	830,000

POINT！

**基本的には，3級における給料の支払いと同じです。
工場従業員のうち，工員に支払われる給与は
「賃金」とよばれるため，「賃金給料勘定」に記帳します。**

用語チェック
- **源泉所得税** …… 給料から差し引かれる所得税
- **社会保険料** …… 厚生年金保険料や健康保険料

④ 給与計算期間

　賃金給料の支払額を計算するための期間を「給与計算期間」といいます。一方, 賃金給料の消費額 (労務費) は「原価計算期間」で計算することになります。

　原価計算期間は暦の1ヵ月 (1日から末日まで) であるため, **給与計算期間と原価計算期間が一致しない**ことがあります。

　その場合, 給与計算期間の支給総額に「未払賃金給料 (前月末未払額, 当月末未払額)」を考慮して, **原価計算期間に実際には支払わないけれども, 支払ったとした場合の賃金給料の金額 (要支払額) を計算**します。

$$\begin{matrix}\text{原価計算期間}\\\text{の 要 支 払 額}\end{matrix} = \begin{matrix}\text{給与計算期間}\\\text{の 支 給 総 額}\end{matrix} - \text{前月末未払額} + \text{当月末未払額}$$

> 2つの計算期間の不一致を調整します。

　たとえば, 賃金給料が毎月20日締めの25日払いである場合は以下のようになります。

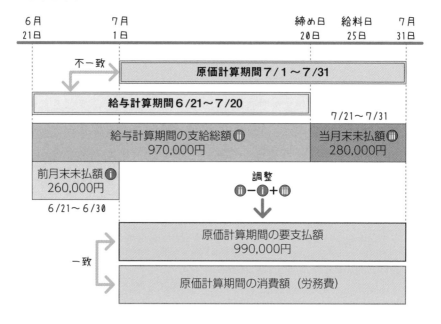

- 前月の21日から当月の20日までが**当月の給与計算期間ⅱ**です。
- 前月の21日から前月の末日までの分を**前月末未払額ⅰ**といいます。
- 当月の21日から当月の末日までの分を**当月末未払額ⅲ**といいます。

前月末未払額ⅰは，前月の消費額であるため当月の支給総額ⅱから控除します。当月末未払額ⅲは，当月の消費額（その支払いは翌月の給料日）であるため当月の支給総額（ⅱ－ⅰ）に加算します。

賃　金　給　料

給与計算期間の支給総額ⅱ （6／21〜7／20） 970,000円	前月末未払額ⅰ （6／21〜6／30） 260,000円
当月末未払額ⅲ （7／21〜7／31） 280,000円	原価計算期間の要支払額 ⅱ－ⅰ＋ⅲ （7／1〜7／31） 990,000円

調整 →

それでは次の取引の仕訳と勘定記入を行ってみましょう。

取　引

7月1日　前月末未払額は260,000円であった。

　　25日　当月支給総額は970,000円で，預り金140,000円を差し引き現金830,000円を支払った。

　　31日　直接労務費825,000円と間接労務費165,000円を消費した。

　　31日　当月末未払額は280,000円であった。

手順❶

7月1日　未払賃金給料勘定で繰り越された前月末未払額を賃金給料勘定に振り替える仕訳（月初再振替仕訳）をします。

7／1	（未払賃金給料）	260,000	（賃　金　給　料）	260,000
25	（賃　金　給　料）	970,000	（預　　り　　金） （現　　　　　金）	140,000 830,000

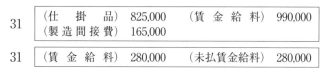

手順❷

7月31日　当月末未払額を賃金給料勘定から未払賃金給料勘定に振り替える仕訳（月末振替仕訳）をします。

これら2つの取引は，3級で学習した費用の未払い（未払費用）と同様です。

| 31 | （仕　掛　品） | 825,000 | （賃　金　給　料） | 990,000 |
| | （製 造 間 接 費） | 165,000 | | |

| 31 | （賃　金　給　料） | 280,000 | （未払賃金給料） | 280,000 |

賃 金 給 料

7/25	預　　り　　金	140,000	7/ 1	未払賃金給料	260,000
〃	現　　　　金	830,000	31	仕　　掛　　品	825,000
31	未払賃金給料	280,000	〃	製 造 間 接 費	165,000
		1,250,000			1,250,000

未払賃金給料

7/ 1	賃　金　給　料	260,000	7/ 1	前　月　繰　越	260,000
31	**次　月　繰　越**	**280,000**	31	賃　金　給　料	280,000
		540,000			540,000
			8/ 1	前　月　繰　越	280,000

❺ 労務費の計算1（直接工の計算）

では，どのように労務費を計算するかを見ていきましょう。まず，直接工の労務費（消費賃金）は，実際作業時間に消費賃率を乗じて求めます。

$$直接工の労務費＝実際作業時間×消費賃率$$

1　実際作業時間の計算

直接工の実際作業時間の合計は，**就業時間**（賃金給料の支払対象となる時間）です。具体的には以下のとおりです。

直接作業時間	直接的な製品の段取りや加工作業を行っている時間
間接作業時間	共通的・補助的な作業を行っている時間
手待時間	材料待ちや機械故障など，工員の責任以外で作業ができずに待機している時間
計：就業時間	直接工の実際作業時間合計

これらの作業時間のうち，**直接作業時間の消費額**が「直接労務費」で，**間接作業時間と手待時間の消費額**が「間接労務費」となります。

出勤票（タイムカード）から把握される。

作業時間票（作業票）などから把握される。

2　消費賃率の計算

消費賃率は，1時間当たりの労務費です。検定試験では，資料として与えられることが多いです。

$$消費賃率 = \frac{直接工の賃金（要支払額）}{直接工の就業時間}$$

それでは，次の直接工の資料にもとづいて，労務費を計算してみましょう。

資　料

1　当月作業時間の内訳

直接作業時間	1,000時間
間接作業時間	150時間
手　待　時　間	50時間

2　消費賃率は1時間当たり825円である。

手　順　**直接労務費**　1,000時間×@825円＝825,000円

　　　　　間接労務費　（150時間＋50時間）×@825円＝165,000円

⑥ 労務費の計算2（間接工および事務職員などの計算）

　間接工は，主に製品に対して共通的・間接的な作業（間接作業）を行い，直接的な製品の加工作業（直接作業）は行いません。そのため，その消費額はすべて「**間接労務費**」となります。

　間接工の労務費を求めるには，**作業時間の把握は通常必要としないため，原価計算期間の総額（要支払額）を計算**します。

　なお，事務職員の給料などの消費額も，間接工と同様に計算します。

間接工などの労務費　＝　原価計算期間の要支払額

すべて間接労務費　　　　　　給与計算期間 － 前月末 ＋ 当月末
の 支 給 総 額 　　未払額 　未払額

　それでは，次の間接工および事務職員などの資料にもとづいて，労務費を計算してみましょう。

資　料

1　前月末未払額は280,000円である。
2　当月支給総額は820,000円である。
3　当月末未払額は260,000円である。

手　順

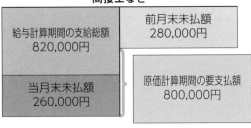

原価計算期間の要支払額　　820,000円 － 280,000円 ＋ 260,000円 ＝ 800,000円
間接労務費　　800,000円

⑦ 労務費の記帳 1（実際消費賃率）

労務費が計算されたら，賃金給料勘定から**直接労務費は仕掛品勘定へ**，**間接労務費は製造間接費勘定へ**振り替えます。

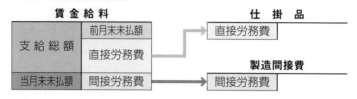

解答 p.213

次の取引の仕訳と賃金給料勘定の記入を行いなさい。

7月 1 日　賃金給料の前月末未払額は190,000円であり，その内訳は次のとおりであった。

　　　　　　直接工　130,000円　　間接工など　60,000円

　　25日　賃金給料の当月支給総額は2,000,000円であり，その内訳は次のとおりである。

　　　　　　直接工　1,235,000円　　間接工など765,000円

　　　　　　なお，預り金225,000円を差し引き，1,775,000円は現金で支払った。

　　31日　直接工の実際作業時間の内訳は次のとおりである。

　　　　　　直接作業時間　875時間　　間接作業時間　100時間

　　　　　　手待時間　25時間

　　　　　　なお，消費賃率は 1 時間当たり1,200円である。

　　〃　　賃金給料の当月末未払額は140,000円であり，その内訳は次のとおりであった。

　　　　　　直接工　95,000円　　間接工など　45,000円

　　　　① 間接工などの労務費を計上した。

　　　　② 当月末未払額を計上した。

賃 金 給 料

⑧ 労務費の記帳2（予定消費賃率）

　直接工の労務費の計算も材料費の計算と同様に，実際消費賃率に代えて「予定消費賃率」の使用が認められています。予定消費賃率は，**将来の一定期間（通常は一会計期間）の実際消費賃率を予想して定めた賃率**です。

　また，予定消費賃率と実際消費賃率が異なれば原価差異が生じます。これを賃率差異といいます。

賃率差異＝予定消費賃率による労務費－原価計算期間の要支払額
　　　　　（実際作業時間×予定消費賃率）　　　　（実際消費賃率による労務費）

⊖**マイナスの場合** 予定＜実際 →借方差異（原価差異勘定の借方に記帳）
⊕**プラスの場合** 予定＞実際 →貸方差異（原価差異勘定の貸方に記帳）

▶**借方差異の場合**──予定よりも実際の消費価格のほうが高かった。

（賃 率 差 異）×××　　（賃 金 給 料）×××

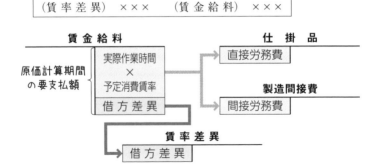

　それでは，次の取引の仕訳および勘定記入を行ってみましょう。

取引

　7月1日　前月末未払額260,000円を，未払賃金給料勘定から賃金給料勘定へ振り替えた。

　　25日　給与計算期間の支給総額は970,000円で，預り金140,000円を差し引き，残額830,000円を現金で支払った。

31日　当月の消費賃金を，予定消費賃率1時間当たり800円で計上した。直接作業時間1,000時間，間接作業時間150時間，手待時間50時間であった。

31日　当月末未払額280,000円を，賃金給料勘定から未払賃金給料勘定へ振り替えるとともに，賃金給料勘定の貸借差額を賃率差異勘定へ振り替えた。

手順❶　賃金給料のボックス図で予定消費賃率による労務費を計算します。

直　接　工

	前月末未払額 　　　　　260,000円
給与計算期間の支給総額 　　　　970,000円	直接労務費　1,000時間 800,000円 **@800円**
	間接労務費　　200時間 160,000円 **@800円**
当月末未払額 　　　　280,000円	

予定消費賃率
で計算する！

手順❷　ボックス図の貸借差額から賃率差異を計算します。

直　接　工

	前月末未払額 　　　　　260,000円
給与計算期間の支給総額 　　　　970,000円	直接労務費　1,000時間 800,000円 @800円
	間接労務費　　200時間 160,000円 @800円
当月末未払額 　　　　280,000円	賃率差異 　　　　　30,000円

原価計算期間の要支払額
970,000円－260,000円
　　＋280,000円＝990,000円

　実際消費賃率による労務費は，支給総額に前月末と当月末の未払額を調整して算定されるため，賃率差異は貸借差額で計算することができます。

手順❸　ボックス図を参考にして仕訳と勘定記入を行います。

7/1	（未払賃金給料）	260,000	（賃　金　給　料）	260,000

25	（賃　金　給　料）	970,000	（預　　り　　金）	140,000
			（現　　　　　金）	830,000

31	（仕　掛　品）800,000 （製 造 間 接 費）160,000	（賃 金 給 料）960,000

31	（賃 金 給 料）280,000 （賃 率 差 異）　30,000	（未 払 賃 金 給 料）280,000 （賃 金 給 料）　30,000

賃 金 給 料

7/25	預　り　金	140,000	7/1	未 払 賃 金 給 料	260,000
〃	現　　　金	830,000	31	仕　掛　品	800,000
31	未 払 賃 金 給 料	280,000	〃	製 造 間 接 費	160,000
			〃	賃 率 差 異	30,000
		1,250,000			1,250,000

賃 率 差 異

7/31	賃 金 給 料	30,000	

練習問題 3－4

解答 p.213

次の取引の仕訳および勘定記入を行いなさい。

6月 1日　直接工の前月末未払額は720,000円であった。

　　25日　直接工の当月支給総額は3,200,000円であった。なお，預り金240,000円を差し引き2,960,000円を現金で支払った。

　　30日　直接工の実際作業時間の内訳は次のとおりであった。

　　　　　直接作業時間1,810時間　間接作業時間500時間　手待時間150時間
　　　　　なお，消費賃率は予定消費賃率を採用し，1時間当たり1,280円である。

　　〃　　直接工の当月末未払額は680,000円であった。なお，賃金給料勘定における貸借差額を賃率差異勘定へ振り替えた。

賃 金 給 料

賃 率 差 異

SECTION

3 経費の計算

合格のコツ 経費の分類，とくに直接経費となる3つを覚えておこう！

① 経 費

経費とは，製品の製造のために発生した材料費・労務費以外の原価をいいます。

したがって，数多くの費目が経費に該当するため，材料費（モノの原価）と労務費（ヒトの原価）をしっかりと押さえ，それ以外が経費に該当すると押さえましょう。

② 経費の分類

経費は，特定の製品に対して直接に認識・計算されるか否かによって，直接経費と間接経費に分類されます。

1 直接経費──特定の製品に対して直接に認識・計算される経費

外注加工賃	材料を外部業者に提供し加工を委託した場合の加工賃
特許権使用料	他人の特許を利用した場合の使用料
仕損費	チャプター6で詳しく学習します。

2 間接経費──特定の製品に対して直接に認識・計算されなかった経費

直接経費以外の経費	減価償却費，保険料，賃借料，租税公課，電力料，ガス代，水道代，事務用消耗品費，棚卸減耗損など

③ 経費の計算

経費は，その把握方法によって，「支払経費」,「月割経費」,「測定経費」,「発生経費」に分類されます。

支払経費		原価計算期間の消費額を支払伝票や支払請求書にもとづいて計算する経費 例：外注加工賃，特許権使用料，旅費交通費，通信費，保管料など
月割経費		原価計算期間の消費額を月割計算表により1年分または数ヵ月分の発生額を月割りして計算する経費 例：減価償却費，修繕費，保険料，租税公課（固定資産税など），賃借料など
測定経費		原価計算期間の消費額を使用メーターなどで測定し，測定票にもとづいて計算する経費 例：電力料，ガス代，水道料，事務用消耗品費など
発生経費		原価計算期間の消費額を棚卸差額報告書や仕損報告書などにもとづいて計算する経費 例：棚卸減耗損，仕損費など

④ 経費の記帳

経費が計算されたら，各勘定から**直接経費は仕掛品勘定へ**，**間接経費は製造間接費勘定へ**振り替えます。なお，経費勘定を用いる方法と，経費勘定を用いない方法があります。

経費勘定を用いない方法というのは，各勘定から直接，仕掛品勘定・製造間接費勘定へ振り分ける方法です。ここでは，試験でよく出る**経費勘定を用いない方法**で一例をあげて説明します。

▷ **経費勘定を用いない方法**

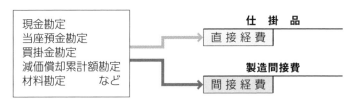

1 外注加工賃（支払経費）の仕訳

下請業者などから加工品を受け取り，加工賃を現金で支払った場合は次のように仕訳を行います。

（仕　掛　品）	×××	（現　　　金）	×××

2 減価償却費（月割経費）の仕訳

年間見積額を月割りし，次のように仕訳を行います。

（製 造 間 接 費）	×××	（減価償却累計額）	×××

3 電力料（測定経費）の仕訳

当月の消費額を計算し，次のように仕訳を行います。

（製 造 間 接 費）	×××	（未 払 電 力 料）	×××

4 棚卸減耗損（発生経費）の仕訳

当月の発生額を計算し，次のように仕訳を行います。

（製 造 間 接 費）	×××	（材　　　料）	×××

それでは，どのように計算するかを具体例で見てみましょう

使用する科目 仕掛品　製造間接費　買掛金　現金　修繕引当金

取引❶ 請求書による当月の外注加工賃は60,000円であった。

（仕　掛　品）	60,000	（買　掛　金）	60,000

外注加工賃…仕掛品　請求書…買掛金

取引❷ 当月分の保管料50,000円を現金で支払った。

（製 造 間 接 費）	50,000	（現　　　金）	50,000

保管料…製造間接費

取引❸ 修繕費の年間見積額は480,000円である。

（製 造 間 接 費）	40,000	（修 繕 引 当 金）	40,000

修繕費　480,000円÷12ヵ月＝40,000円

修繕引当金繰入を製造間接費に直接計上します。

~~（修繕引当金繰入）~~	~~40,000~~	（修 繕 引 当 金）	40,000
（製 造 間 接 費）	40,000	~~（修繕引当金繰入）~~	~~40,000~~

NOTE!

修繕引当金繰入については2級商業簿記で詳しく学習します。

次の経費に関する各問に答えなさい。

問1　次の経費の当月消費額を計算しなさい。

費　目	内　　容
外注加工賃	前月末未払額　30,000円, 当月支払額190,000円, 当月末未払額20,000円
保険料	月割計上額　24,000円
減価償却費	年間見積額1,200,000円
電力料	当月測定額　36,000円, 当月支払額　35,600円
事務用消耗品費	月初棚卸高　6,400円, 当月購入高　23,200円, 月末棚卸高　8,800円

問2　次の取引の仕訳を行いなさい。ただし，使用する勘定科目は，下記の中から適切な科目を選択し，これ以外は使用しないこと。

仕掛品	事務用消耗品費	買掛金	減価償却累計額	製造間接費

① 支払請求書により集計された当月外注加工賃は180,000円であった。

② 事務用消耗品費については，棚卸計算法により当月出庫高を計算している。
　月初棚卸高16,000円　当月購入高40,000円　月末棚卸高13,400円

③ 年間減価償却費見積額は1,536,000円であった。

4

製造間接費の計算

このチャプターでは，製造間接費の予定配賦額の計算や
製造間接費差異の原因別分析を学習します。
検定試験に出題される可能性が高い論点なので
しっかりマスターしましょう。

製造間接費の実際発生額

合 格 の コ ツ　製造間接費とは何か，しっかり押さえておこう！

　チャプター3では，材料費・労務費・経費の計算について学びました。そ
れぞれ，直接に認識・計算されるか否かという「製品との関連における分類」
により，製造間接費勘定に集計された原価があります。

　チャプター4では，この「製造間接費」の計算についてさらに詳しく見て
いきましょう。

　製造間接費とは，特定の製品に対して消費額を直接的に計算できない，共
通的・補助的に消費された原価要素のことです。

　間接材料費，間接労務費，間接経費から構成されます。

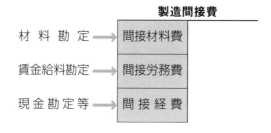

SECTION 2 製造間接費の製品別配賦

😀 合 格 の コ ツ 配賦計算をマスターしよう！

① 製造間接費の配賦

製造間接費は，特定の製品に対して消費額を直接的に計算できない原価要素なので，このままでは製品別に集計することができません。

しかし，製造間接費を何らかの方法により製品別に集計しなければ正しい原価を把握できません。

このように**各製品に製造間接費を割り当てる手続き**を「配賦」といいます。
　　　　　　　　　　　　　　　　　　　　　　　　　　　　　　　はい ふ

② 製造間接費の配賦基準

製造間接費は，製品ごとの直接作業時間や機械作業時間等の時間，直接材料費や直接労務費等の金額，生産数量等を使用して製品別に配賦します。

このような**製造間接費を配賦するために用いられる時間や金額等**を
「配賦基準」といいます。
　はいふきじゅん

POINT！

検定試験では，配賦基準について問題文に指示があります！

59

③ 製造間接費の実際配賦額の計算（実際配賦）

製造間接費の配賦は以下の手順で行います。

手順① **製造間接費実際発生額**を集計します。

手順② 製品ごとの**配賦基準**（実際操業度）を合計します。

手順③ 製造間接費実際発生額を実際操業度の合計で除して，実際操業度1単位当たりの配賦額（たとえば，直接作業1時間当たりの金額）を計算します。これを「**実際配賦率**」といいます。

$$実際配賦率 = \frac{製造間接費実際発生額}{実際操業度の合計}$$

手順④ 実際配賦率に製品（製造指図書）ごとの実際操業度を乗じて，実際配賦額を計算します。これを「**実際配賦**」といいます。

実際配賦額＝実際配賦率×製品（製造指図書）ごとの実際操業度

それでは，次の資料から，機械作業時間基準により実際配賦率および製造指図書別の製造間接費実際配賦額を計算してみましょう。

資料

当月の製造間接費実際発生額　3,038,000円

製造指図書別の実際操業度

配賦基準	指図書 No.1	指図書 No.2	指図書 No.3	合　計
機械作業時間	2,500時間	1,500時間	900時間	4,900時間

手順① 製造間接費実際発生額を集計します。資料より3,038,000円です。

手順② 製品ごとの配賦基準（実際操業度）を合計します。資料より4,900時間です。

手順③ 実際配賦率を計算します。

$$実際配賦率 \quad \frac{3,038,000円}{4,900時間} = @620円$$

機械作業1時間当たり製造間接費が620円と計算されたので，実際にかかった機械作業時間を乗じて，製造指図書ごとに製造間接費を配賦します。

手順④ 実際配賦率に製品（製造指図書）ごとの実際操業度を乗じて，実際配賦額を計算します。

実際配賦額　製造指図書No. 1　＠620円×2,500時間＝1,550,000円

製造指図書No. 2　＠620円×1,500時間＝　930,000円

製造指図書No. 3　＠620円×　900時間＝　558,000円

POINT !

実際配賦額＝実際配賦率×実際操業度

\\COLUMN//

定数計算

　先ほど，実際配賦率に製造指図書ごとの実際操業度を掛けて実際配賦額を計算しました。このとき「620」を何度も電卓に入力するのは面倒くさいなと思いませんでしたか。

　電卓には，このような**決まった数字を連続して計算する**「定数
計算」という機能がついています。

　先ほどの例で，この機能を使って計算してみましょう。

	キーの操作	計算結果
定数を入力	6 2 0	620
×の定数計算	×もしくは× ×注	
製造指図書No. 1	2 5 0 0 ＝	1,550,000
製造指図書No. 2	1 5 0 0 ＝	930,000
製造指図書No. 3	9 0 0 ＝	558,000

注　CASIOの電卓をご使用の方は×を2回押してください。CASIO以外の電卓（SHARP等）をご使用の方は×を1回押してください。なお，これ以降，本書では× ×と表記します。

④ 実際配賦額の記帳

　製造間接費の実際発生額を製品別に実際配賦した後，**製造間接費**勘定から**仕掛品**勘定に振替える記帳を行います。製造間接費実際配賦額の製造指図書別の内訳は，指図書別原価計算表で把握します。

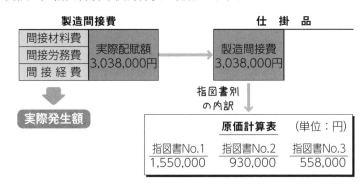

製造間接費		仕　掛　品	
間接材料費	実際配賦額	製造間接費	
間接労務費	3,038,000円	3,038,000円	
間接経費			

実際発生額

指図書別の内訳

原価計算表		（単位：円）
指図書No.1	指図書No.2	指図書No.3
1,550,000	930,000	558,000

POINT！

製造間接費を配賦→製造間接費勘定の貸方に記入し，
仕掛品勘定の借方に移動

練 習 問 題 4 − 1　　　　　　　　　　　　　　　　解答 p.215

　次の資料にもとづき，当月の製造間接費実際発生額2,013,000円を，直接労務費基準，機械作業時間基準および生産量基準により，それぞれの指図書別の製造間接費実際配賦額を計算し，さらに実際配賦の仕訳を行いなさい。

指図書別の実際操業度

配賦基準	指図書No. 1	指図書No. 2	指図書No. 3	合　計
直接労務費	1,280,000円	1,140,000円	880,000円	3,300,000円
機械作業時間	3,100時間	2,500時間	1,000時間	6,600時間
生　産　量	600個	250個	150個	1,000個

	指図書No. 1	指図書No. 2	指図書No. 3
直接労務費基準	円	円	円
機械作業時間基準	円	円	円
生産量基準	円	円	円

製造間接費の予定配賦

合格のコツ 予定配賦額の計算をマスターしよう！

① 予定配賦する理由（実際配賦の欠点）

製造間接費の配賦計算として実際配賦率を使った実際配賦を確認しましたが，通常，製造間接費の配賦計算は「予定配賦率（正常配賦率）」を使って予定配賦（正常配賦）します。

理由1 **計算を迅速化するため**

予定配賦すると， 製造間接費実際発生額を集計する前に， 製造間接費の製品別配賦の計算ができる ようになります。

理由2 **製品の単位原価の変動性を排除するため**

製造間接費には固定費が含まれています。固定費は生産量や作業した時間に関係なく同額ですが，同じ製品を作っていても，月々の生産量や作業時間が変わると製品1個当たりの金額も変わってしまいます。

予定配賦することによって， 製品1個当たりの金額を同額にして 計算することができます。

▶ **例 単位原価の変動性**

$$\frac{固定費実際額100円}{実際生産量2個} = 1 個当たり50円$$

生産量が少ないと単価は大きい。

$$\frac{固定費実際額100円}{実際生産量5個} = 1 個当たり20円$$

生産量が多いと単価は小さい。

② 製造間接費の予定配賦額の計算（予定配賦）と記帳

製造間接費の予定配賦は以下の手順で行います。

手順① 基準操業度を決定します。基準操業度とは，「通常どれほどの生産をするか」という量，すなわち予定生産量（または正常生産量）を意味します。

手順② 製造間接費予算額を計算します。具体的には，固定予算や変動予算にもとづき，基準操業度における製造間接費発生額を予定します。

手順③ 製造間接費予算額を基準操業度で除して，操業度1単位当たりの配賦額を予定します。これを「予定配賦率（正常配賦率）」といいます。

$$予定配賦率 = \frac{製造間接費予算額}{基準操業度}$$

手順④ 予定配賦率に製品（製造指図書）ごとの実際操業度を乗じて，予定配賦額（正常配賦額）を計算します。これを「予定配賦（正常配賦）」といいます。

予定配賦額＝予定配賦率×製品（製造指図書）ごとの実際操業度

手順⑤ 製造間接費の予定配賦額と実際発生額を比較して原価差異を把握（計算）します。これを「製造間接費配賦差異」といいます。

製造間接費配賦差異＝予定配賦額－実際発生額

━マイナスの場合 **予定＜実際** →借方差異
＋プラスの場合 **予定＞実際** →貸方差異

なお，製造間接費の予定配賦および製造間接費配賦差異の把握を記帳すると以下のようになります。

1　製造間接費予定配賦

> （仕　　掛　　品）　×××　　（製 造 間 接 費）　×××

2　製造間接費配賦差異（借方差異の場合）

> （製造間接費配賦差異）　×××　　（製 造 間 接 費）　×××

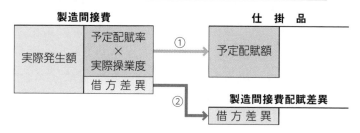

それでは，以下の資料にもとづき，計算を確認してみましょう。

資　料

1　月間の基準操業度（予定機械作業時間）　　5,000時間

2　月間の製造間接費予算額　　　　　　　　　3,000,000円

3　当月の製造指図書別の実際機械作業時間

配賦基準	指図書No. 1	指図書No. 2	指図書No. 3	合　計
機械作業時間	2,500時間	1,500時間	900時間	4,900時間

4　当月の製造間接費実際発生額　　　　　　　3,038,000円

手順①　基準操業度を決定します。資料より5,000時間となります。

手順②　製造間接費予算額を計算します。資料より3,000,000円となります。

手順③　製造間接費予算額を基準操業度で除して，予定配賦率を計算します。

$$\text{予定配賦率}\quad \frac{3,000,000円}{5,000時間} = @600円$$

機械作業1時間当たり製造間接費が600円と予定されたので，実際
にかかった機械作業時間を乗じて，製造指図書ごとに製造間接費を
予定配賦します。

手順④ 予定配賦率に製品（製造指図書）ごとの実際操業度を乗じて，予定配賦額を計算します。

予定配賦額　**製造指図書No.1**　@600円×2,500時間＝　1,500,000円
　　　　　　製造指図書No.2　@600円×1,500時間＝　　900,000円
　　　　　　製造指図書No.3　@600円×　900時間＝　　540,000円
　　　　　　　　　　　　　　　　　　　　　　　　　2,940,000円

定数計算を使用すると，以下のように計算できます。

600（予定配賦率）⊗⊗ 2,500 ⊜ 1,500,000（製造指図書No.1の予定配賦額）

定数を先に
入力する！
　　　　　　　　　　　　　　1,500 ⊜　900,000（製造指図書No.2の予定配賦額）
　　　　　　　　　　　　　　　900 ⊜　540,000（製造指図書No.3の予定配賦額）

製造間接費予定配賦の仕訳

| （仕　　掛　　品） | 2,940,000 | （製　造　間　接　費） | 2,940,000 |

手順⑤ 製造間接費の予定配賦額と実際発生額を比較して製造間接費配賦差異を把握（計算）します。

製造間接費配賦差異

2,940,000円（予定配賦額）−3,038,000円（実際発生額）＝−98,000円
答えがマイナスになるので「借方差異」です。

製造間接費配賦差異

| （製造間接費差異） | 98,000 | （製　造　間　接　費） | 98,000 |

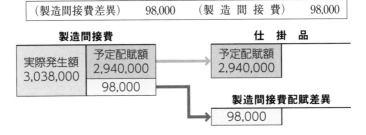

> **POINT！**
> 製造間接費は予定配賦がメインです。予定配賦率と予定配賦額の
> 計算や仕訳・勘定記入をしっかりと押さえましょう！

③ 製造間接費予算

　製造間接費予算額は，基準操業度における製造間接費発生額を予定することにより計算します。製造間接費予算の設定方法には，「固定予算」と「(公式法) 変動予算」があります。

1　固定予算

　固定予算は，基準操業度における製造間接費予算額を設定し，これをあらゆる操業度における予算額として使用する方法です。言い換えると，**基準操業度における予算を実際操業度における予算とする方法**です。

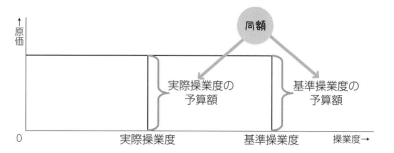

　たとえば，製品1,000個を製造する予定を立て，製造間接費は100万円発生すると見込まれたところ，実際には800個しか製造しなかったとします。この場合でも予算は100万円と考えるのが固定予算です。

2　公式法変動予算

　公式法変動予算は，製造間接費予算を固定費と変動費に分け，**「固定費＋変動費」という公式を用いて予算を算定する方法**です。

　固定費とは，**操業度の増減にかかわらず一定額発生する原価のこと**で，減価償却費などが該当します。変動費とは，**操業度の増減に応じて比例的に発生する原価のこと**で，間接材料費などが該当します。

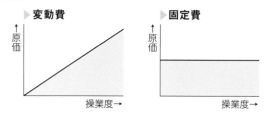

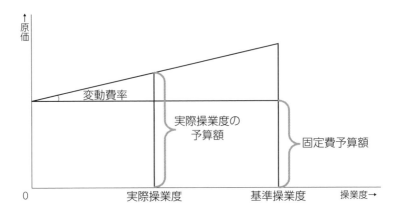

たとえば，製品100個を製造する予定を立て，製造間接費は100万円発生すると見込まれたところ，実際には80個しか製造しなかったとします。この場合に予算は100万円より少なくなると考えるのが公式法変動予算です。

POINT！

変動費は操業度によって比例的に変化，
固定費は操業度にかかわらず一定！

練習問題 4 - 2

解答 p.215

次の資料にもとづき，予定配賦率および製造指図書別の予定配賦額を計算し，さらに予定配賦と製造間接費配賦差異の仕訳を行いなさい。

1　月間の基準操業度（予定機械作業時間）　6,700時間

2　月間の製造間接費予算額　2,010,000円

3　当月の製造指図書別の実際機械作業時間

指図書別の実際操業度

配賦基準	指図書No. 1	指図書No. 2	指図書No. 3	合　計
機械作業時間	3,100時間	2,500時間	1,000時間	6,600時間

4．当月の製造間接費実際発生額　2,013,000円

予定配賦率　　　| ＠　　　　　円 |

	指図書No. 1	指図書No. 2	指図書No. 3
予定配賦額	円	円	円

製造間接費配賦差異の原因別分析

合格のコツ 予算差異と操業度差異の計算をマスターしよう！

　製造間接費の実際発生額が判明した時点で，製造間接費の予定配賦額と実際発生額を比較して，製造間接費配賦差異を把握します。製造間接費配賦差異は，さらに「予算差異」と「操業度差異」に分析されます。

製造間接費配賦差異＝予算差異＋操業度差異

　予算差異とは，実際操業度の予算額と実際発生額を比較して把握され，<mark>費用を使いすぎたか節約できたかを測定する差異</mark>です。

　操業度差異は，実際操業度と基準操業度を比較して把握され，<mark>生産設備の利用状況の良否を測定する差異</mark>です。

　製造間接費予算の設定方法によって製造間接費配賦差異の計算は異なるので，予算ごとに計算を確認していきましょう。

① 固定予算を採用した場合の原因別分析

製造間接費予算に「固定予算」を採用した場合は次のように分析します。

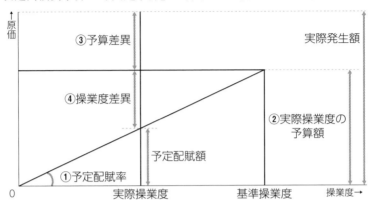

1 予定配賦率

製造間接費予算額を基準操業度で除して予定配賦率を計算します。

$$予定配賦率 = \frac{製造間接費予算額}{基準操業度}$$

2 実際操業度の予算額

実際操業度の予算額は，基準操業度の予算額と同額です。

実際操業度の予算額＝基準操業度の予算額

3 予算差異

予算差異は，実際操業度の予算額と実際発生額を比較して計算します。

予算差異＝実際操業度の予算額－実際発生額

- **マイナスの場合→借方差異**
- **プラスの場合→貸方差異**

4　操業度差異

　操業度差異は，予定配賦率に実際操業度と基準操業度の差を乗じて計算します。

$$操業度差異＝予定配賦率×（実際操業度－基準操業度）$$

●マイナスの場合→借方差異
●プラスの場合→貸方差異

　それでは，以下の資料にもとづき，計算を確認してみましょう。

資　料

1　月間の基準操業度（予定機械作業時間）　5,000時間
2　固定予算による月間の製造間接費予算額　3,000,000円
3　当月の実際機械作業時間　4,900時間
4　当月の製造間接費実際発生額　3,038,000円

手順❶　製造間接費予算額を基準操業度で除して，予定配賦率を計算します。

予定配賦率　$\dfrac{3,000,000円}{5,000時間}＝@600円$

手順❷　予定配賦率に実際操業度を乗じて，予定配賦額を計算します。

予定配賦額　@600円×4,900時間＝2,940,000円

手順❸　製造間接費の予定配賦額と実際発生額を比較して製造間接費配賦差異を計算します。

製造間接費配賦差異　2,940,000円－3,038,000円＝98,000円（借方差異）

手順❹　予算差異を計算します。予算差異は実際操業度の予算額と実際発生額を比較して計算します。固定予算の場合，実際操業度の予算額と基準操業度の予算額は同額です。

予算差異　3,000,000円－3,038,000円＝38,000円（借方差異）

手順❺　操業度差異を計算します。操業度差異は予定配賦率に実際操業度と基準操業度の差を乗じて計算します。

操業度差異　@600円×（4,900時間－5,000時間）＝60,000円（借方差異）

差異分析図による解き方

製造間接費配賦差異の分析は次のような図を書くと解きやすくなります。

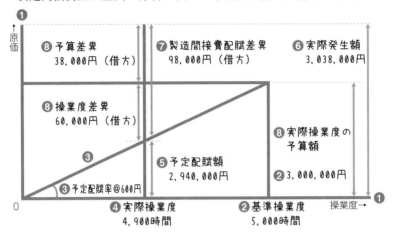

❶　縦軸に原価，横軸に操業度とグラフの軸を書きます。

❷　横軸に基準操業度5,000時間を記入し，縦軸に平行に基準操業度における製造間接費予算額3,000,000円まで上に線を引きます。

❸　基準操業度における製造間接費予算額と0を線で結びます。ここで予定配賦率@600円が表せます。

予定配賦率　$\dfrac{3,000,000円}{5,000時間}$ ＝@600円

❹　横軸の基準操業度の内側（左側）に実際操業度4,900時間を記入します。

❺　実際操業度から縦軸に平行に線を上に引くと❸線との間に予定配賦額が表せます。

予定配賦額　@600円×4,900時間＝2,940,000円

❻　❺線をさらに実際発生額3,038,000円まで上に伸ばします。

❼　予定配賦額❺と実際発生額❻の差額が製造間接費配賦差異となります。

製造間接費配賦差異　❺2,940,000円−❻3,038,000円＝98,000円（借方差異）

❽　基準操業度における製造間接費予算額が実際操業度における製造間接費予算になるので，基準操業度における製造間接費予算額を横軸に平行

に線を左に引いて，製造間接費配賦差異を上に予算差異，下に操業度差異と分けます。

予算差異 ❷3,000,000円 − ❻3,038,000円＝38,000円（借方差異）

操業度差異 ❺2,940,000円 − ❷3,000,000円＝60,000円（借方差異）

※ 操業度差異は，「予定配賦額－実際操業度の予算額」で計算することもできます。

⚠ 差異分析図記入上の注意

「借方差異」になるか「貸方差異」になるかは，計算したときに答えが「マイナス→借方差異」，「プラス→貸方差異」で判断します。

差異分析図は，実際操業度は基準操業度の左側に，実際発生額は実際操業度の予算額よりも上に突き抜けるように描きましょう。

練習問題 **4−3**　　　解答 p.216 解説動画⇨

次の資料にもとづき，製造間接費配賦差異を計算し，さらに予算差異，操業度差異に原因別分析を行いなさい。

1　月間の基準操業度（予定直接作業時間）　3,000時間
2　月間の製造間接費予算（固定予算）　2,400,000円
3　当月の実際直接作業時間　　　　　　　2,960時間
4　当月の製造間接費実際発生額　　　　　2,397,600円

製造間接費配賦差異 　　　　　　　円 （　　　　　　）

予算差異 　　　　　　　円 （　　　　　　）

操業度差異 　　　　　　　円 （　　　　　　）

（　）内には借方差異または貸方差異を記入しなさい。

② 公式法変動予算を採用した場合の原因別分析

製造間接費予算に「公式法変動予算」を採用した場合は次のように分析します。

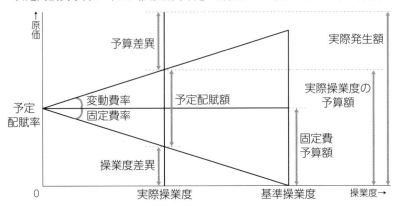

1　予定配賦率

予定配賦率は，変動費率と固定費率を合計して計算します。

$$予定配賦率＝変動費率＋固定費率$$

$$固定費率＝\frac{固定費予算額}{基準操業度}$$

2　実際操業度の予算額

実際操業度の予算額は，実際操業度の変動費と固定費予算額を合計して計算します。

$$実際操業度の予算額＝\underset{\text{実際操業度の変動費}}{\underline{変動費率×実際操業度}}＋固定費予算額$$

3　予算差異

予算差異は，実際操業度の予算額と実際発生額を比較して計算します。

$$予算差異＝実際操業度の予算額－実際発生額$$

● マイナスの場合→借方差異
● プラスの場合→貸方差異

4 操業度差異

操業度差異は，固定費率に実際操業度と基準操業度の差を乗じて計算します。

$$操業度差異＝固定費率×（実際操業度－基準操業度）$$

●マイナスの場合→借方差異

●プラスの場合→貸方差異

それでは，以下の資料にもとづき，計算を確認してみましょう。

資 料

1　月間の基準操業度（予定機械作業時間）　5,000時間

2　公式法変動予算による月間の製造間接費予算額

　　月間固定費　1,800,000円　　変動費率　@240円

3　当月の実際機械作業時間　4,900時間

4　当月の製造間接費実際発生額　3,038,000円

手順①　固定費予算額を基準操業度で除して，固定費率を計算します。

固定費率　$\dfrac{1,800,000円}{5,000時間}$ ＝@360円

手順②　変動費率と固定費率を合計して予定配賦率を計算します。

予定配賦率　@240円（変動費率）＋@360円（固定費率）＝@600円

手順③　予定配賦率に実際操業度を乗じて，予定配賦額を計算します。

予定配賦額　@600円×4,900時間＝2,940,000円

手順④　製造間接費の予定配賦額と実際発生額を比較して製造間接費配賦差異を計算します。

製造間接費配賦差異　2,940,000円－3,038,000円＝98,000円（借方差異）

手順⑤　予算差異を計算します。予算差異は実際操業度の予算額と実際発生額を比較して計算します。公式法変動予算の場合，実際操業度の予算額は変動費率に実際操業度を乗じたものに固定費予算額を合計して計算します。

実際操業度の予算額　@240円×4,900時間＋1,800,000円＝2,976,000円

予算差異　2,976,000円－3,038,000円＝62,000円（借方差異）

手順6 操業度差異を計算します。操業度差異は固定費率に実際操業度と基準操業度の差を乗じて計算します。

操業度差異 @360円×(4,900時間－5,000時間)＝36,000円（借方差異）

 差異分析図による解き方

次のような図を書くと解きやすくなります。

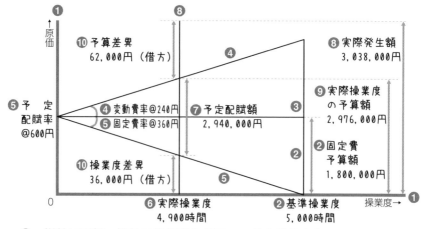

❶ 縦軸に原価，横軸に操業度とグラフの軸を書きます。

❷ 横軸に基準操業度5,000時間を記入し，縦軸と平行に固定費予算額1,800,000円まで上に線を引きます。

❸ 基準操業度における固定費予算額から縦軸に向かって横軸と平行に線を引きます。

❹ ❸線と縦軸の交点から操業度に比例して原価が増加するように右上がりで線を引きます。ここで変動費率@240円が表せます。

❺ ❸線と縦軸の交点から横軸にある基準操業度に向けて右下がりで線を引きます。ここで固定費率@360円が表せ，さらに変動費率と固定費率を合算して予定配賦率が表せます。

固定費率 $\dfrac{❷1,800,000円}{❷5,000時間}$ ＝@360円

予定配賦率 ❹@240円＋❺@360円＝@600円

❻ 基準操業度の内側（左側）に実際操業度4,900時間を記入します。

❼ 実際操業度から縦軸に平行に線を上に引くと❹線と❺線の間に予定配賦額が表せます。

予定配賦額 ❺@600円×❻4,900時間＝2,940,000円

❽ ❼線をさらに実際発生額3,038,000円まで上に伸ばします。

❾ 実際操業度の予算額を計算します。

実際操業度の予算額 ❹@240円×❻4,900時間＋❷1,800,000円
＝2,976,000円

❿ 予定配賦額と実際発生額の差が製造間接費配賦差異ですが，図では上と下の2つに分かれています。上が予算差異，下が操業度差異です。

予算差異 ❾2,976,000円－❽3,038,000円＝62,000円（借方差異）

操業度差異 ❼2,940,000円－❾2,976,000円＝36,000円（借方差異）

※ 操業度差異は，「予定配賦額－実際操業度の予算額」で計算することもできます。

> **POINT！**
>
> 公式法変動予算を中心に，算式や差異分析図を使用して
> 予算差異と操業度差異を計算できるようにしましょう。

練習問題 4－4 ────── 解答 p.216 解説動画⇨

次の資料にもとづき，製造間接費配賦差異を計算し，さらに予算差異，操業度差異に原因別分析を行いなさい。

1 月間の基準操業度（予定直接作業時間） 3,000時間
2 月間の製造間接費予算（公式法変動予算）
　　月間固定費　1,350,000円
　　変動費率　@350円
3 当月の実際直接作業時間　2,960時間
4 当月の製造間接費実際発生額　2,397,600円

製造間接費配賦差異	＿＿＿＿＿＿円	（　　　　　）
予算差異	＿＿＿＿＿＿円	（　　　　　）
操業度差異	＿＿＿＿＿＿円	（　　　　　）

（　　　）内には借方差異または貸方差異を記入しなさい。

ネット試験の受験にあたって
―試験の申込・準備編―

「ネットを利用した試験は初めて！」という方も多くいらっしゃると思います。ここでは，ネット試験ならではの耳より情報をご紹介します。

◆ネット試験の申込み

ネット試験の申込みは，インターネットのみでの受付となります。

年末年始などを除き，基本的に1年中受験が可能ですが，2月・6月・11月に施行される統一試験（ペーパー試験）の前後は受験停止期間となりますので注意してください。

なお，試験は定められたテストセンターにて行われますので，最寄りのテストセンターを事前に調べておきましょう。

ネット試験申込みサイト	テストセンター検索サイト

◆試験当日の持ち物

会場へ持ち込める自分の荷物は，「身分証明書」と「電卓」の2つのみです。

筆記用具と計算用紙はテストセンターで配付されます。また，試験開始とともにモニター上に制限時間が表示されるため，時計も不要となります。

原価の部門別計算

このチャプターでは, 製造間接費を
より細かく計算する手順を学習します。
まずは, 配賦表を作成できるようになることを目指しましょう。
その後, 仕訳や勘定記入とリンクさせましょう。

部門別計算の手続き

合 格 の コ ツ 部門別計算とは何かを押さえよう！

① 部門別計算とは

製品は複数の作業を経て完成します。たとえば，服を作るには生地を切る作業と縫う作業が必要です。この作業ごとに原価を分類集計する手続きを「部門別計算」といい，主に製造間接費を対象とします。
ぶ もんべつけいさん

部門別計算を行う目的は，合理的な製品原価の計算と原価管理をするためです。

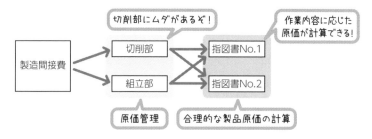

② 原価部門とは

原価部門とは，原価を分類集計するための区分です。服を作る過程を「切る部門」，「縫う部門」のように区分します。原価部門は製造部門と補助部門に大別されます。

1 製造部門

製造部門は製品の製造活動を直接行う部門であり，切削部や組立部などがあります。

2 補助部門

補助部門は製造部門を補助するための活動や管理業務を行う部門であり，動力部や修繕部，工場事務部などがあります。

製造間接費実際発生額の第1次集計

合格のコツ 実際部門費集計表の作成方法を押さえよう！

① 第1次集計とは

製造間接費の部門別計算は，第1次集計と第2次集計の2つの手続きを経て行われます（第2次集計については，次のセクション3で学習します）。

第1次集計は，どの部門で発生するかが直接に認識できるか否かによって，製造間接費実際発生額を部門個別費と部門共通費に区別し，各製造部門と補助部門に分類集計する手続きです。

第1次集計額は，「実際部門費集計表」で計算します。

- **部門個別費**…どの部門で発生するかが直接に認識できる費目
- **部門共通費**…どの部門で発生するかが直接に認識できない費目

▶**第1次集計**

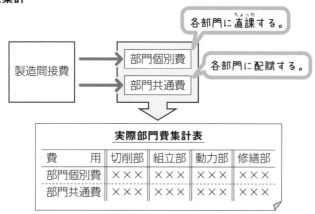

各部門に直課する。

各部門に配賦する。

実際部門費集計表

費　　　用	切削部	組立部	動力部	修繕部
部門個別費	×××	×××	×××	×××
部門共通費	×××	×××	×××	×××

POINT！

第1次集計の目的	各部門に製造間接費を分類集計すること。

用語チェック ✔**直課** …… 各部門や製品に直接賦課すること

② 実際部門費集計表を作成してみよう

それでは，以下の具体例で「実際部門費集計表」を作成してみましょう。

資 料

① 部門個別費：切削部　128,000円　　組立部　128,800円

　　　　　　　動力部　97,600円　　修繕部　41,600円

② 部門共通費：建物減価償却費　192,000円　　福利施設負担額　36,000円

③ 配賦基準：建物減価償却費は占有面積，福利施設負担額は従業員数を

　　　　　　基準に配賦する。

	切削部	組立部	動力部	修繕部	合計
占有面積	250m^2	210m^2	80m^2	60m^2	600m^2
従業員数	20人	15人	6人	4人	45人

実際部門費集計表					（単位：円）
費　　用	金　額	製造部門		補助部門	
		切削部	組立部	動力部	修繕部
部門個別費	396,000	128,000	128,800	97,600	41,600
部門共通費					
建物減価償却費	192,000	80,000	67,200	25,600	19,200
福利施設負担額	36,000	16,000	12,000	4,800	3,200
部門費合計	624,000	224,000	208,000	128,000	64,000

手順1（部門個別費の行）　手順2（建物減価償却費・福利施設負担額の行）

手順① 部門個別費は表の該当する部門の欄に直接記入します。

手順② 部門共通費は電卓で次のように計算し，各部門に配賦します。

建物減価償却費

192,000 ÷ 600 × × 250 = 80,000
　　　　　　　　　210 = 67,200
　　　　　　　　　 80 = 25,600
　　　　　　　　　 60 = 19,200

$$\frac{192,000円}{600m^2} \times \begin{cases} 250m^2 = 80,000円 & （切削部） \\ 210m^2 = 67,200円 & （組立部） \\ 80m^2 = 25,600円 & （動力部） \\ 60m^2 = 19,200円 & （修繕部） \end{cases}$$

福利施設負担額

36,000 ÷ 45 × × 20 = 16,000
　　　　　　　　15 = 12,000
　　　　　　　　 6 = 4,800
　　　　　　　　 4 = 3,200

$$\frac{36,000円}{45人} \times \begin{cases} 20人 = 16,000円 & （切削部） \\ 15人 = 12,000円 & （組立部） \\ 6人 = 4,800円 & （動力部） \\ 4人 = 3,200円 & （修繕部） \end{cases}$$

③ 第1次集計の記帳

第1次集計の記帳は「実際部門費集計表」を作成した後，部門費合計欄の数値を用いて行います。

費　　　用	金　　額	製造部門		補助部門	
		切削部	組立部	動力部	修繕部
部 門 個 別 費	396,000	128,000	128,800	97,600	41,600
部 門 共 通 費					
建物減価償却費	192,000	80,000	67,200	25,600	19,200
福利施設負担額	36,000	16,000	12,000	4,800	3,200
部 門 費 合 計	624,000	224,000	208,000	128,000	64,000

実際部門費集計表　（単位：円）

▷ **第1次集計の仕訳**

製造間接費を減らし，各部門費勘定へ振り替えます。

勘定科目は **「各部門の名称＋費」** となります。

（切 削 部 費）	224,000	（製造間接費）	624,000
（組 立 部 費）	208,000		
（動 力 部 費）	128,000		
（修 繕 部 費）	64,000		

▷ **第1次集計の勘定記入**

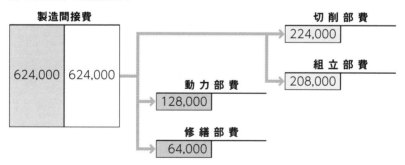

CHAPTER
5

原価の部門別計算

次の資料にもとづき，実際部門費集計表を作成し，さらに第1次集計の仕訳を行いなさい。

1　部門個別費

費　目	合　　　計	第1製造部門	第2製造部門	A補助部門	B補助部門
間接材料費	100,800円	53,200円	33,400円	6,200円	8,000円
間接労務費	196,000円	84,000円	56,000円	28,000円	28,000円

2　部門共通費

建物減価償却費 300,000円　電力料 240,000円　雑務工賃金 67,200円

費　目	配賦基準	第1製造部門	第2製造部門	A補助部門	B補助部門
建物減価償却費	床　面　積	400m^2	200m^2	120m^2	80m^2
電　力　料	電力供給量	480kWh	192kWh	80kWh	48kWh
雑務工賃金	工　員　数	30人	20人	10人	10人

実際部門費集計表　　　　　　　　　　（単位：円）

費　　目	金　額	製造部門		補助部門	
		第1製造部門	第2製造部門	A補助部門	B補助部門
部門個別費					
間接材料費					
間接労務費					
部門共通費					
建物減価償却費					
電　力　料					
雑務工賃金					
部門費合計					

SECTION 3 製造間接費実際発生額の 第2次集計

合格のコツ 補助部門費の配賦方法を押さえよう！

① 第2次集計とは

第2次集計は，第1次集計で計算された補助部門費を各製造部門へ配賦する手続きです。第2次集計額は，「実際部門別配賦表」で計算されます。

補助部門は製品の製造作業を行わないため，製品の製造と補助部門費の発生には直接の関係性がありません。

そこで，補助部門費はいったん補助部門用役（サービス）の提供先である製造部門に配賦し，製造部門から各製品に配賦します。

POINT！

| 第2次集計の目的 | 製造部門に補助部門費を分類集計すること。 |

② 補助部門費の配賦方法

補助部門である動力部が，同じ補助部門である修繕部に動力を提供する場合があります。これを**補助部門相互間の用役の授受**といい，計算上考慮するか否かによって，次の2つの配賦方法があります。

1 直接配賦法

直接配賦法は，補助部門相互間の用役の授受を計算上は無視し，**補助部門費を製造部門のみに配賦する方法**です。

2 相互配賦法

相互配賦法は，補助部門相互間の用役の授受を計算上も考慮し，**補助部門費を最終的に製造部門に配賦する方法**です。

NOTE！
検定試験では，主に直接配賦法が出題されています。

③ 実際部門別配賦表を作成してみよう（直接配賦法）

以下の具体例で「実際部門別配賦表」を直接配賦法で作成しましょう。

資　料

① 第1次集計費：切削部 224,000円　　組立部 208,000円

　　　　　　　　　　動力部 128,000円　　修繕部　64,000円

② 補助部門の実際用役提供量

	切削部	組立部	動力部	修繕部	合計
動力供給量	500kWh	300kWh	－	200kWh	1,000kWh
修 繕 時 間	12時間	8時間	5時間	－	25時間

直接配賦法では，修繕部への動力供給量200kWhと動力部への修繕時間5時間を**計算上，無視**します。よって，動力部は800kWh（500kWh＋300kWh），修繕部は20時間（12時間＋8時間）だけ用役を提供していると考えましょう。

直接配賦法		実際部門別配賦表			（単位：円）	
			製造部門		補助部門	
費　　　用	金　額	切削部	組立部	動力部	修繕部
部 門 費 合 計	624,000	224,000	208,000	128,000	64,000
動 力 部 費	128,000	80,000	48,000		
修 繕 部 費	64,000	38,400	25,600		
配 賦 額 合 計	192,000	118,400	73,600		
製 造 部 門 費	624,000	342,400	281,600		

手順1　部門費合計

手順2　動力部費・修繕部費

第2次集計額

手順❶ 第1次集計費を直接記入します。

手順❷ 補助部門費は電卓で次のように計算し，製造部門に配賦します。

動力部費

128,000 ÷ 800 × × 500 ＝ 80,000
　　　　　　　　　300 ＝ 48,000

$$\frac{128,000円}{800kWh} \times \begin{cases} 500kWh = 80,000円　（切削部）\\ 300kWh = 48,000円　（組立部）\end{cases}$$

修繕部費

64,000 ÷ 20 × × 12 ＝ 38,400
　　　　　　　　　8 ＝ 25,600

$$\frac{64,000円}{20時間} \times \begin{cases} 12時間 = 38,400円　（切削部）\\ 8時間 = 25,600円　（組立部）\end{cases}$$

POINT！

直接配賦法では，製造部門の用役提供量のみを使って配賦額を計算します。

④ 実際部門別配賦表を作成してみよう（相互配賦法）

以下の具体例で「実際部門別配賦表」を相互配賦法で作成しましょう。

資料

① 第1次集計費：切削部 224,000円　　組立部 208,000円

　　　　　　　　動力部 128,000円　　修繕部　64,000円

② 補助部門の実際用役提供量

	切削部	組立部	動力部	修繕部	合計
動力供給量	500kWh	300kWh	－	200kWh	1,000kWh
修繕時間	12時間	8時間	5時間	－	25時間

相互配賦法では，修繕部への動力供給量200kWhと動力部への修繕時間5時間も**計算上，考慮**します。よって，動力部費であれば，第1次集計費を切削部と組立部，そして修繕部へ配賦します。

相互配賦法	実際部門別配賦表				（単位：円）
費　　用	金　額	製造部門		補助部門	
		切削部	組立部	動力部	修繕部
部 門 費 合 計	624,000	224,000	208,000	128,000	64,000
第 1 次 配 賦					
動 力 部 費	128,000	64,000	38,400	－	25,600
修 繕 部 費	64,000	30,720	20,480	12,800	－
第1次配賦額合計	192,000	94,720	58,880	12,800	25,600

手順① 第1次集計費を直接記入します。

手順② 補助部門費は電卓で次のように計算し，関係部門に配賦します。

動力部費

$128,000 ÷ 1,000 × × 500 = 64,000$
$ 300 = 38,400$
$ 200 = 25,600$

$$\frac{128,000円}{1,000kWh} \times \begin{cases} 500kWh = 64,000円 & （切削部）\\ 300kWh = 38,400円 & （組立部）\\ 200kWh = 25,600円 & （修繕部）\end{cases}$$

修繕部費

$64,000 ÷ 25 × × 12 = 30,720$
$ 8 = 20,480$
$ 5 = 12,800$

$$\frac{64,000円}{25時間} \times \begin{cases} 12時間 = 30,720円 & （切削部）\\ 8時間 = 20,480円 & （組立部）\\ 5時間 = 12,800円 & （動力部）\end{cases}$$

動力部費と修繕部費を配賦し終えたのに，動力部には12,800円，修繕部に

は25,600円がまた集計されてしまいました。

　このように，補助部門相互間の用役の授受を考慮し続けると配賦計算を延々と繰り返さなければならなくなるため，**2回目の配賦計算では直接配賦法と同じように補助部門相互間の用役の授受を無視**します。

第1次配賦額合計	192,000	94,720	58,880	12,800	25,600
第　2　次　配　賦					
動　力　部　費	12,800	8,000	4,800		
修　繕　部　費	25,600	15,360	10,240		

手順3

手順③ 補助部門費は電卓で次のように計算し，製造部門のみに配賦します。

動力部費

$12,800 \div 800 \times \times 500 = 8,000$
$300 = 4,800$

$$\dfrac{12,800円}{800kWh} \times \begin{cases} 500kWh = 8,000円　（切削部）\\ 300kWh = 4,800円　（組立部） \end{cases}$$

修繕部費

$25,600 \div 20 \times \times 12 = 15,360$
$8 = 10,240$

$$\dfrac{25,600円}{20時間} \times \begin{cases} 12時間 = 15,360円　（切削部）\\ 8時間 = 10,240円　（組立部） \end{cases}$$

ここまでの計算を1つにまとめて，「実際部門別配賦表」が完成します。

相互配賦法	実際部門別配賦表				(単位：円)
費　　　　用	金　　額	製造部門		補助部門	
		切削部	組立部	動力部	修繕部
部　門　費　合　計	624,000	224,000	208,000	128,000	64,000
第　1　次　配　賦					
動　力　部　費	128,000	64,000	38,400	－	25,600
修　繕　部　費	64,000	30,720	20,480	12,800	－
第1次配賦額合計	192,000	94,720	58,880	12,800	25,600
第　2　次　配　賦					
動　力　部　費	12,800	8,000	4,800		
修　繕　部　費	25,600	15,360	10,240		
第2次配賦額合計	38,400	23,360	15,040		
製　造　部　門　費	624,000	342,080	281,920		

▶ **POINT！**

相互配賦法は，1回目の配賦だけ補助部門相互間の用役の授受を考慮し，
2回の配賦は直接配賦法と同じ！

⑤ 第2次集計の記帳

第2次集計の記帳は「実際部門別配賦表」の数値を用いて行います。

直接配賦法 費　　用	実際部門別配賦表 金　額	製造部門 切削部	製造部門 組立部	補助部門 動力部	補助部門 修繕部	(単位：円)
部　門　費　合　計	624,000	224,000	208,000	128,000	64,000	
動　力　部　費	128,000	80,000	48,000			
修　繕　部　費	64,000	38,400	25,600			
配　賦　額　合　計	192,000	118,400	73,600			
製　造　部　門　費	624,000	342,400	281,600			

▷ **第2次集計の仕訳**

補助部門費を減らし，製造部門費に振り替えます。

（切 削 部 費）	118,400	（動 力 部 費）	128,000
（組 立 部 費）	73,600	（修 繕 部 費）	64,000

▷ **第2次集計の勘定記入**

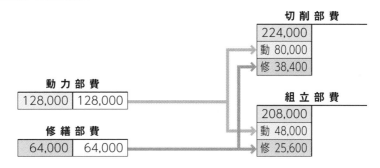

次の資料にもとづき，実際部門別配賦表を作成し，さらに第2次集計の仕訳を行いなさい。なお，補助部門費の配賦は直接配賦法によること。

1 部門別製造間接費実際発生額（第1次集計費）

第1製造部費　400,000円　　第2製造部費　340,000円

動 力 部 費　211,200円　　修 繕 部 費　110,000円

2 補助部門の実際用役提供量

	第1製造部	第2製造部	動力部	修繕部
動力供給量	1,500kWh	1,500kWh	－	200kWh
修繕時間	60時間	20時間	20時間	－

実際部門別配賦表　　　　　　　　　　　　（単位：円）

費　目	金　額	製造部門		補助部門	
		第1製造部門	第2製造部門	動　力　部	修　繕　部
部門費合計					
動力部費					
修繕部費					
製造部門費					

製造部門から製品への実際配賦

合格のコツ　製品別の集計方法を押さえよう！

　第2次集計によって，製造間接費は製造部門に集計されました。最後に，各製品に製造間接費を集計するため，**製造部門から各製造指図書（仕掛品勘定）へ製造間接費を配賦**します。

資料

① 補助部門費配賦後の切削部費　342,400円

② 補助部門費配賦後の組立部費　281,600円

③ 製造部門の実際作業時間

	製造指図書No.1	製造指図書No.2	合　計
切削部作業時間	335時間	200時間	535時間
組立部作業時間	115時間	160時間	275時間

製造部門費は電卓で次のように計算し，製品に配賦します。

切削部費

342,400 ÷ 535 × × 335 ＝ 214,400
　　　　　　　　　　200 ＝ 128,000

$$\frac{342,400円}{535時間} \times \left\{ \begin{array}{l} 335時間 = 214,400円 \ (No.1) \\ 200時間 = 128,000円 \ (No.2) \end{array} \right.$$

組立部費

281,600 ÷ 275 × × 115 ＝ 117,760
　　　　　　　　　　160 ＝ 163,840

$$\frac{281,600円}{275時間} \times \left\{ \begin{array}{l} 115時間 = 117,760円 \ (No.1) \\ 160時間 = 163,840円 \ (No.2) \end{array} \right.$$

	製造指図書No.1	製造指図書No.2	合　計
切削部費	214,400円	128,000円	342,400円
組立部費	117,760円	163,840円	281,600円
合　計	332,160円	291,840円	624,000円

▶**製造部門から製品への配賦の仕訳**

各製造部門費を減らし，仕掛品勘定へ振り替えます。

（仕 掛 品）	624,000	（切 削 部 費）	342,400
		（組 立 部 費）	281,600

SECTION

5 製造部門から製品への予定配賦

① 製造部門別の予定配賦率の計算

　前のセクションでは，製造間接費の実際発生額を各指図書に配賦しましたが，チャプター4で学習したとおり，製造間接費は**予定配賦**を行うべきです。

　予定配賦率は，製造間接費予算額を基準操業度で除して計算しました。部門別計算を行っている場合は，製造部門別にそれぞれの予算額をそれぞれの基準操業度で除して計算します。検定試験では基準操業度は問題資料として与えられるため，予算額を集計する手順を押さえましょう。

　予算額の集計は，実際発生額の集計と同じ手順で，予算部門費集計表による第1次集計と，予算部門別配賦表による第2次集計の2つの手続きを経て行われます。

予算部門費集計表による予算額の第1次集計

直接配賦法	予算部門別配賦表			(単位：円)	
		製造部門		補助部門	
費　用	金　額	切削部	組立部	動力部	修繕部
部門費合計	×××	×××	×××	×××	×××
動力部費	×××	×××	×××		
修繕部費	×××	×××	×××		
配賦額合計	×××	×××	×××		
製造部門費	×××	×××	×××		

製造部門別の製造間接費予算額

製造部門別の予定配賦率は，次のように計算します。

$$製造部門別の予定配賦率 = \frac{製造部門別の予算額}{基準操業度}$$

② 製造部門別の予定配賦率を計算してみよう

それでは，以下の具体例で製造部門別の予定配賦率を計算してみましょう。

資料

① 第1次集計費（予算額）：切削部費 256,000円　　組立部費 200,000円

　　　　　　　　　　　　　　動力部費 132,000円　　修繕部費　60,000円

② 補助部門の予定用役提供量（補助部門費の配賦は直接配賦法による）

	切削部	組立部	動力部	修繕部	合計
動力供給量	600kWh	500kWh	－	200kWh	1,300kWh
修 繕 時 間	16時間	14時間	5時間	－	35時間

③ 製造部門別の月間基準操業度（機械作業時間）

切削部 500時間　　組立部 300時間

直接配賦法		予算部門別配賦表				(単位：円)
費　　　用	金　額	製造部門		補助部門		
		切削部	組立部	動力部	修繕部	
部 門 費 合 計	648,000	256,000	200,000	132,000	60,000	
動 力 部 費	132,000	72,000	60,000			
修 繕 部 費	60,000	32,000	28,000			
配 賦 額 合 計	192,000	104,000	88,000			
製 造 部 門 費	648,000	360,000	288,000			

（手順1：部門費合計の行、手順2：動力部費・修繕部費の行、手順3：製造部門費の行）

手順❶ 第1次集計費を直接記入します。

手順❷ 補助部門費は電卓で次のように計算し，製造部門に配賦します。直接配賦法なので，動力部から修繕部，修繕部から動力部への用役提供は無視しましょう。

動力部費

132,000 ÷ 1,100 × × 600 = 72,000
　　　　　　　　　　 500 = 60,000

$$\frac{132,000円}{1,100kWh} \times \begin{cases} 600kWh = 72,000円 \text{（切削部）} \\ 500kWh = 60,000円 \text{（組立部）} \end{cases}$$

修繕部費

60,000 ÷ 　30 × × 16 = 32,000
　　　　　　　　　　 14 = 28,000

$$\frac{60,000円}{30時間} \times \begin{cases} 16時間 = 32,000円 \text{（切削部）} \\ 14時間 = 28,000円 \text{（組立部）} \end{cases}$$

手順③ 製造間接費予算が，切削部に360,000円，組立部に288,000円集計されました。これを基準操業度で除して予定配賦率を求めます。

切削部 360,000円÷500時間＝720円／時間

組立部 288,000円÷300時間＝960円／時間

POINT！

予算部門別配賦表は，予定配賦率の算定を目的とした計算であり，
集計結果を仕訳や勘定記入しないことに注意しましょう。

---

③ 製造部門別の予定配賦額の計算と記帳

製造部門別の予定配賦額は，製造指図書の実際操業度に製造部門別の予定配賦率を乗じて計算します。

$$製造部門別の予定配賦額＝製造指図書別の実際操業度×製造部門別の予定配賦率$$

製造部門別の予定配賦額と実際発生額（第1次集計費と第2次集計費の合計）が異なれば原価差異が発生します。この原価差異を**製造部門費配賦差異**といいます。

$$製造部門費配賦差異＝製造部門別の予定配賦額－製造部門別の実際発生額$$

● **マイナスの場合** 予定＜実際 →借方差異（原価差異勘定の借方に記帳）
⊕ **プラスの場合** 予定＞実際 →貸方差異（原価差異勘定の貸方に記帳）

この製造部門費配賦差異は，製造間接費の予定配賦と同様に，原因別に予算差異と操業度差異に分析することができます。

④ 製造部門別の予定配賦額を計算してみよう

それでは，以下の具体例で製造部門別の予定配賦額を計算してみましょう。

資料

① 製造部門別予定配賦率：切削部 @720円　　組立部 @960円

② 当月の製造指図書別の実際操業度（実際機械作業時間）

	製造指図書No. 1	製造指図書No. 2	合　計
切削部機械作業時間	335時間	200時間	535時間
組立部機械作業時間	115時間	160時間	275時間

③ 当月の製造部門別の製造間接費実際発生額

直接配賦法		実際部門別配賦表		（単位：円）	
費　　用	金　額	製造部門		補助部門	
		切削部	組立部	動力部	修繕部
部 門 費 合 計	624,000	224,000	208,000	128,000	64,000
動 力 部 費	128,000	80,000	48,000		
修 繕 部 費	64,000	38,400	25,600		
配 賦 額 合 計	192,000	118,400	73,600		
製 造 部 門 費	624,000	342,400	281,600		

切削部費

720 ✕ ✕ 335 ⬛ 241,200
200 ⬛ 144,000

$@720円 \times \begin{cases} 335時間 = 241,200円 （No. 1）\\ 200時間 = 144,000円 （No. 2） \end{cases}$

組立部費

960 ✕ ✕ 115 ⬛ 110,400
160 ⬛ 153,600

$@960円 \times \begin{cases} 115時間 = 110,400円 （No. 1）\\ 160時間 = 153,600円 （No. 2） \end{cases}$

	製造指図書No. 1	製造指図書No. 2	合　計
切削部費	241,200円	144,000円	385,200円
組立部費	110,400円	153,600円	264,000円
合　計	351,600円	297,600円	649,200円

▶ **製造部門別の予定配賦の仕訳**

各製造部門費を仕掛品勘定へ振り替えます。

（仕 掛 品）	649,200	（切 削 部 費）	385,200
		（組 立 部 費）	264,000

▶製造部門別の予定配賦の勘定記入

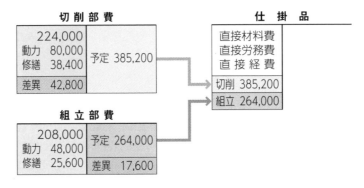

切削部費

224,000	
動力 80,000	予定 385,200
修繕 38,400	
差異 42,800	

組立部費

208,000	予定 264,000
動力 48,000	
修繕 25,600	差異 17,600

仕 掛 品

直接材料費
直接労務費
直 接 経 費
切削 385,200
組立 264,000

▶製造部門費配賦差異の仕訳

切削部費は予定より実際が小さいため貸方差異（有利差異），組立部費は予定より実際が大きいため借方差異（不利差異）です。

（切　削　部　費） 42,800	（製造部門費配賦差異） 42,800
（製造部門費配賦差異） 17,600	（組　立　部　費） 17,600

練習問題 5 - 3　　　　　　　　　　解答 p.218 解説動画⇨

　次の資料にもとづき，製造指図書別の予定配賦額を計算し，下記に示す製造間接費の部門別計算に関する仕訳と勘定記入を行いなさい。

1　製造部門別予定配賦率
　　切削部 @620円　　組立部 @420円

2　当月の製造指図書別実際操業度（実際機械作業時間）

	製造指図書No.1	製造指図書No.2	合計
切削部	240時間	220時間	460時間
組立部	290時間	260時間	550時間

3　当月の実際部門別配賦表

直接配賦法　　　　　　　　　実際部門別配賦表　　　　　　　（単位：円）

費　目	金　額	製造部門		補助部門	
		切削部	組立部	動力部	修繕部
部門費合計	520,500	186,500	173,000	107,000	54,000
動 力 部 費	107,000	66,000	41,000		
修 繕 部 費	54,000	32,000	22,000		
製 造 部門費	520,500	284,500	236,000		

① 製造部門別の予定配賦の仕訳
② 第1次集計の仕訳
③ 第2次集計の仕訳
④ 製造部門費配賦差異の仕訳

切 削 部 費

製 造 間 接 費	仕 掛 品
動 力 部 費	
修 繕 部 費	
製造部門費配賦差異	

組 立 部 費

製 造 間 接 費	仕 掛 品
動 力 部 費	製造部門費配賦差異
修 繕 部 費	

動 力 部 費

製 造 間 接 費	切 削 部 費
	組 立 部 費

修 繕 部 費

製 造 間 接 費	切 削 部 費
	組 立 部 費

製造部門費配賦差異

組 立 部 費	切 削 部 費

帳簿に記入するときの注意

　帳簿は誰もが読みやすく，見やすいように書かなければなりません。現在は会計ソフトなども充実し，パソコンでの帳簿作成が一般的となりました。しかし，昔は手書きで作成されており，その頃のルールが今も残っています。

※検定試験では，赤ペンは使用できません。

❶　**線の引き方**

- 線は赤色で引きます。
- 複線━━━は見出しの上部，金額欄の左右，締め切り線に使用。
- 単線───は合計線，区分線，複線以外の線として使用。
    簿記では─ ─ ─ ─や〜〜〜〜という線は使用しません。

❷　**文字・数字の書き方**

- 簿記では送りがなを省略する場合があります。
    たとえば，「売り上げ」を「売上」と書く場合などです。
- 数字は下の線につけて書きます。<u>1 2 3 4 5 6 7 8 9 0</u>
- 文字は行間の2分の1，数字は行間の3分の1ぐらいの大きさで書きます。
- 数字は3桁ごとにコンマ（，）で区切る。1,234,567,890
    ↑　　↑　　↑
十億　百万　千

❸　**文字・数字の訂正**

- 文字は誤った文字だけを訂正します。　▶大<del>野</del>商店〔原〕
- 数字はたとえ1字の誤りでも，その全部を訂正します。▶4,<del>580</del>〔4,680〕
- 訂正の方法は，訂正部分に赤の二重線を引き，その上に正しい文字または数字を記入し，訂正印を押します。

❹　**誤線の削除**

- 削除したい線の両端に赤で「×」を書きます。　▶×━━━×

6

個別原価計算

このチャプターでは，個別原価計算による
製品原価の集計方法を学習します。
ポイントは指図書別原価計算表を
作成することができるかです。

個別原価計算

合 格 の コ ツ 仕損費の処理を押さえよう！

① 個別原価計算とは

個別原価計算とは，顧客の注文に応じて製品を生産する個別受注生産形態（オーダーメイド）に適用される原価計算です。

原価計算表を作って製造指図書ごとの原価を集計することで，完成品の原価や未完成品（仕掛品）の原価を計算します。

② 個別原価計算における仕損

製品の製造において，何らかの原因により加工に失敗することがあります。それを「仕損」といい，その失敗品を「仕損品」といいます。

オーダーメイドで仕損が生じた場合，補修指図書（補修作業の指示書）を発行して仕損品を補修します。この補修指図書に集計された原価を「仕損費」といいます。

仕損費は，仕損の発生に関連した製造指図書の製造原価（直接経費）として処理します。

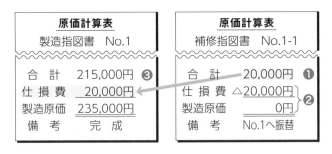

製造指図書No.1の補修のために補修指図書No.1-1を発行して補修した場合，**❶**が補修にかかった金額で，これをなくして（**❷**），その分をNo.1へ振り替えます（**❸**）。

❸ 仕損費を処理してみよう

それでは，以下の具体例で仕損費の処理を確認してみましょう。

資料

① 製造指図書No.1で製品を5個生産したが，最終検査で仕損品1個が確認された。

　　この仕損品は補修によって回復できるため，補修指図書No.1-1を発行して補修作業を行い，完成させた。

② 補修に伴う仕損費の処理は，仕損の発生に関連する製造指図書に賦課する。

原価計算表 (単位：円)

摘　要	製造指図書No.1	補修指図書No.1-1	合　計
直接材料費	80,000	8,000	88,000
直接労務費	100,000	12,000	112,000
製造間接費	120,000	5,000	125,000
合　計	300,000	25,000	325,000
仕　損　費	（　　25,000　）	（　　△25,000　）	（　　－　　）
合　計	（　325,000　）	（　　　0　）	（　325,000　）
備　考	完成	指図書No.1へ振替	

仕　掛　品

材　　料	88,000	製　　品	325,000
賃 金 給 料	112,000		
製 造 間 接 費	125,000		
	325,000		325,000

次の資料にもとづき，指図書別原価計算表を作成し，仕掛品勘定に記入しなさい。また仕損費の処理は，関連する製造指図書別に賦課する。

〔資料〕

製造指図書No.103で製品を8個生産したが，最終検査によって仕損品1個が確認された。この仕損品は，補修によって回復できるため，補修指図書No.103-1を発行して補修作業を行い完成させた。

原価計算表　　　　　　　　　　（単位：円）

摘　要	製造指図書No.103	補修指図書No.103-1	合　計
直接材料費	140,000	16,800	156,800
直接労務費	60,000	7,200	67,200
製造間接費	90,000	13,500	103,500
合　計	290,000	37,500	327,500
仕損費	(　　　　)	(　　　　)	(　　　　)
合　計	(　　　　)	(　　　　)	(　　　　)
備　考	完成	No.103へ振替	

仕　掛　品

材　　料	製　　品
賃　金　給　料	
製　造　間　接　費	

102

CHAPTER

7

メーカーの財務諸表

このチャプターでは, 損益計算書と製造原価報告書の
作成方法を確認します。
とくに, メーカー独特の製造原価報告書について
しっかりとマスターしましょう。

損益計算書

① 損益計算書と製品勘定の関係

　損益計算書とは，企業の一定期間の経営成績を明らかにするために作成される財務諸表です。

　メーカーの損益計算書における売上原価の内訳には，製品勘定の金額を記入します。

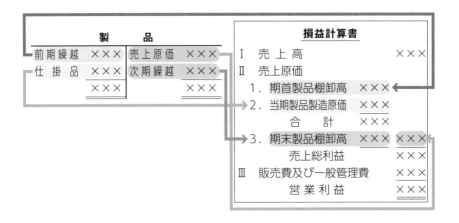

　仕掛品勘定から製品勘定へ振り替えられてきた「完成品原価」を，損益計算書では「当期製品製造原価」と表示します。試験で記入が求められる場合がありますので，しっかり押さえておきましょう。

② 原価差異の会計処理

　原価差異は，**毎月末に翌月へ繰り越され，会計年度末における残高を売上原価に振り替えます**。

　これは，翌期を迎えるにあたり，当期の原価差異をリセットするための処理です。

▶ **勘定の流れ**

▶ **損益計算書の表示**

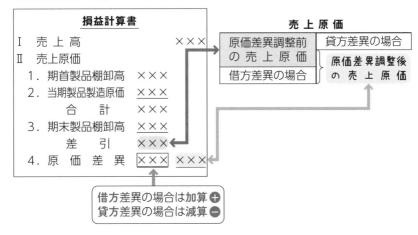

> **POINT！**
> 売上原価は費用の科目ですから，借方側に発生します。よって，
> 借方差異は借方同士なので加算，逆に貸方は減算と押さえましょう！

③ 損益計算書を作成してみよう

それでは，以下の具体例で損益計算書を作成してみましょう。

資 料

① 製造間接費の予定配賦額は160,000円，実際発生額は158,000円であった。

② 売上高は720,000円であった。

仕　掛　品			
前期繰越	22,000	製　　品	512,800
材　　料	250,800	**次期繰越**	**34,000**
賃金給料	114,000		
製造間接費	160,000		
	546,800		546,800

製　　品			
前期繰越	36,000	売上原価	502,000
仕　掛　品	512,800	**次期繰越**	**46,800**
	548,800		548,800

手順❶ 売上高を記入します。

手順❷ 製品勘定の金額を売上原価の内訳として記入します。

手順❸ 原価差異（製造間接費配賦差異）を記入します。

　　原価差異　160,000円 − 158,000円 = 2,000円（貸方差異）

手順❹ 売上高から売上原価を引いて売上総利益を計算します。

損益計算書

大原工業㈱　　自×年1月1日　至×年12月31日　（単位：円）

Ⅰ　売上高		720,000
Ⅱ　売上原価		
1.期首製品棚卸高	36,000	
2.当期製品製造原価	512,800	
合　　計	548,800	
3.期末製品棚卸高	46,800	
差　　引	502,000	
4.原価差異	2,000	500,000
売上総利益		220,000

売上原価の内訳には，製品勘定の金額を記入します。原価差異は，貸方差異（有利差異）であるため，売上原価から減算します。

POINT！

損益計算書作成問題が出題されたら，必ず製品勘定を作成しましょう。

SECTION 2 製造原価報告書

合格のコツ 製造原価報告書の作成方法を押さえよう！

① 製造原価報告書と仕掛品勘定の関係

　損益計算書には，当期製品製造原価（当期の完成品原価）を表示しました。この当期製品製造原価の内訳明細表が「**製造原価報告書**」です。完成品原価は仕掛品勘定で把握されるため，仕掛品勘定の金額を記入して作成します。

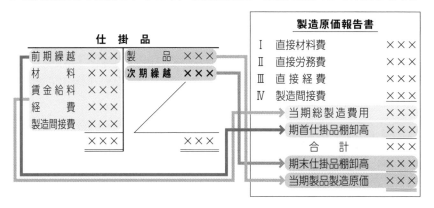

② 製造原価報告書のひな形

　製造原価報告書のひな形には次の2種類があります。

直接費・間接費の分類（製品との関連における分類）を重視しているもの	材料費・労務費・経費の分類（形態別分類）を重視しているもの

製造原価報告書		製造原価報告書	
Ⅰ　直接材料費	×××	Ⅰ　材料費	×××
Ⅱ　直接労務費	×××	Ⅱ　労務費	×××
Ⅲ　直接経費	×××	Ⅲ　経費	×××
Ⅳ　製造間接費	×××	当期総製造費用	×××
当期総製造費用	×××		

③ 製造原価報告書を作成してみよう
（製品との関連における分類）

それでは，次の勘定記入を例に，「製品との関連における分類」で製造原価報告書を作成してみましょう。

手順① 仕掛品勘定の金額を直接材料費から順に製造原価報告書の右側に記入していきます。

手順② 製造間接費勘定の借方の金額を実際発生額として記入します。

手順③ 予定配賦額と実際発生額との差で製造間接費差異を計算し，記入します。

④ 製造原価報告書を作成してみよう（形態別分類）

次の勘定記入を例に，「形態別分類」で製造原価報告書を作成してみましょう。

製造間接費			
材　　料	38,800	仕掛品	160,000
賃金給料	28,000		
経　　費	91,200		
製造間接費差異	2,000		
	160,000		160,000

仕　掛　品			
前期繰越	22,000	製　　品	512,800
材　　料	250,800	**次期繰越**	**34,000**
賃金給料	114,000		
製造間接費	160,000		
	546,800		546,800

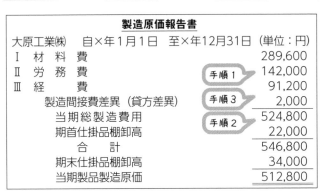

製造原価報告書

大原工業㈱　自×年1月1日　至×年12月31日　（単位：円）

Ⅰ　材　料　費	手順1	289,600
Ⅱ　労　務　費		142,000
Ⅲ　経　　　費		91,200
製造間接費差異（貸方差異）	手順3	2,000
当期総製造費用	手順2	524,800
期首仕掛品棚卸高		22,000
合　　計		546,800
期末仕掛品棚卸高		34,000
当期製品製造原価		512,800

手順① 材料費・労務費・経費は製造直接費（仕掛品勘定）と製造間接費（製造間接費勘定）の合計額を記入します。

	仕掛品勘定		製造間接費勘定		製造原価報告書
材　料　費	250,800円	＋	38,800円	＝	289,600円
労　務　費	114,000円	＋	28,000円	＝	142,000円
経　　　費	－		91,200円	＝	91,200円
					522,800円

手順② 仕掛品勘定の借方の前期繰越以外を合計して当期総製造費用を計算し，当期製品製造原価まで記入していきます。

手順③ 材料費・労務費・経費の合計522,800円と当期総製造費用524,800円との差で製造間接費差異を計算し，記入します。

解答 p.220 解説動画⇨

次の勘定記入にもとづき，（問１）製品との関連における分類，（問２）形態別分類により製造原価報告書を作成しなさい。

製造間接費			
材　　料	120,000	仕 掛 品	500,000
賃金給料	160,000	製造間接費差異	10,000
経　　費	230,000		
	510,000		510,000

仕 掛 品			
前期繰越	213,000	製　　品	1,379,000
材　　料	796,000	次期繰越	271,000
賃金給料	141,000		
製造間接費	500,000		
	1,650,000		1,650,000

問1

製造原価報告書		（単位：円）
Ⅰ　直　接　材　料　費		（　　　　　）
Ⅱ　直　接　労　務　費		（　　　　　）
Ⅲ　製　造　間　接　費		
間　接　材　料　費	（　　　　　）	
間　接　労　務　費	（　　　　　）	
間　接　経　費	（　　　　　）	
合　　　　　計	（　　　　　）	
製 造 間 接 費 差 異	（　　　　　）	（　　　　　）
当 期 総 製 造 費 用		（　　　　　）
期 首 仕 掛 品 棚 卸 高		（　　　　　）
合　　　　　計		（　　　　　）
期 末 仕 掛 品 棚 卸 高		（　　　　　）
当 期 製 品 製 造 原 価		（　　　　　）

問2

製造原価報告書	（単位：円）
Ⅰ　材　料　費	（　　　　　）
Ⅱ　労　務　費	（　　　　　）
Ⅲ　経　　費	（　　　　　）
製 造 間 接 費 差 異	（　　　　　）
当 期 総 製 造 費 用	（　　　　　）
期 首 仕 掛 品 棚 卸 高	（　　　　　）
合　　　　　計	（　　　　　）
期 末 仕 掛 品 棚 卸 高	（　　　　　）
当 期 製 品 製 造 原 価	（　　　　　）

工場会計の独立

このチャプターでは，工場会計を本社会計から独立させた
ときの手続きを確認します。検定試験では仕訳問題が
出題されるため，しっかりとマスターしましょう。

工場会計の独立

合格のコツ 仕訳を押さえよう！

① 工場会計の独立とは

　本社が東京都にあり，工場が茨城県にあるような場合，本社で一括してすべての取引を記帳しようとすると，工場側の取引をすべて本社側に連絡する必要があります。この手間をなくすために，**工場側の取引は工場で仕訳・勘定記入を行う場合**があります。

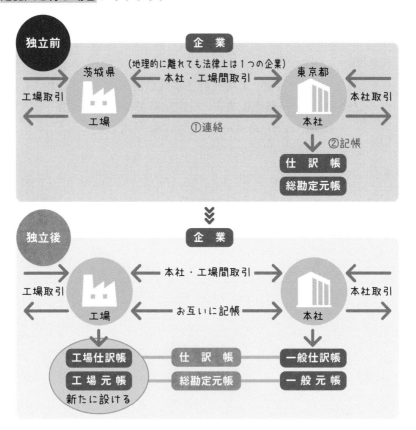

② 本社・工場間取引

工場で完成した製品を本社に送る場合，工場会計を独立していなければ，企業全体の製品が増えたり減ったりするわけではないので，帳簿記入は不要です。しかし，**工場会計を独立した場合は，工場側の製品が減って，本社側の製品が増えることになるため，帳簿記入が必要**になります。

このような取引を「**本社・工場間取引**」といい，工場側では**本社勘定**を，本社側では**工場勘定**を用いて記帳します。

工場側	（　　　　　）	×××	（製　　品）	×××
本社側	（製　　品）	×××	（　　　　　）	×××

このときの相手科目として，工場側は本社に送ったため**本社勘定**を使用します。また，本社側は工場から受け取ったため**工場勘定**を使用します。

工場側	（本　　社）	×××	（製　　品）	×××
本社側	（製　　品）	×××	（工　　場）	×××

本社勘定と工場勘定は，仕訳を成立させるために用いる勘定で，**各勘定の金額が必ず一致する**という性質をもっています。

> **POINT !**
> ① 製品などの増減を仕訳する。
> ② 相手科目は，工場側なら本社，本社側なら工場と仕訳する。

③ 仕訳してみよう

まずは，工場会計を独立する前の仕訳をイメージしましょう。以下の工場側に設定されている科目は工場が仕訳し，本社側に設定されている科目は本社が仕訳します。

本社・工場間取引は本社勘定または工場勘定を使用します。

工場側の勘定科目 🏭	材料，賃金給料，製造間接費，仕掛品，製品，本社
本社側の勘定科目 🏢	現金，製品，買掛金，預り金，売上原価，売掛金，売上，工場

取引① 材料125,000円を掛けで購入した。

独立前	（材　　料）	125,000	（買　掛　金）	125,000
工場側	（材　　料）	125,000	（本　　社）	125,000
本社側	（工　　場）	125,000	（買　掛　金）	125,000

工場側に材料，本社側に買掛金が設定されているので，それぞれ仕訳します。相手科目には本社または工場を使用します。

取引② 直接材料費75,000円と間接材料費25,000円を消費した。

独立前	（仕　掛　品） （製造間接費）	75,000 25,000	（材　　料）	100,000
工場側	（仕　掛　品） （製造間接費）	75,000 25,000	（材　　料）	100,000
本社側	仕訳不要			

工場側に仕掛品，製造間接費，材料が設定されているので，仕訳します。本社側には該当する科目がないので，仕訳不要となります。

取引③ 工場従業員に支給総額250,000円の給与を預り金18,750円を差し引き，現金で支給した。

独立前	（賃　金　給　料）	250,000	（預　り　金） （現　　金）	18,750 231,250
工場側	（賃　金　給　料）	250,000	（本　　社）	250,000
本社側	（工　　場）	250,000	（預　り　金） （現　　金）	18,750 231,250

取引❹ 直接労務費187,500円と間接労務費62,500円を消費した。

独立前	（仕 掛 品） 187,500 （製造間接費） 62,500	（賃 金 給 料） 250,000
工場側	（仕 掛 品） 187,500 （製造間接費） 62,500	（賃 金 給 料） 250,000
本社側	仕訳不要	

取引❺ 製造間接費300,000円を配賦した。

独立前	（仕 掛 品） 300,000	（製造間接費） 300,000
工場側	（仕 掛 品） 300,000	（製造間接費） 300,000
本社側	仕訳不要	

取引❻ 工場で製品500,000円が完成し，工場の倉庫に保管した。

独立前	（製 品） 500,000	（仕 掛 品） 500,000
工場側	（製 品） 500,000	（仕 掛 品） 500,000
本社側	仕訳不要	

取引❼ 工場に保管中の製品312,500円を本社へ送付した。

独立前	仕訳不要	
工場側	（本 社） 312,500	（製 品） 312,500
本社側	（製 品） 312,500	（工 場） 312,500

取引❽ 製品312,500円（原価）を375,000円で掛販売した。

独立前	（売 掛 金） 375,000 （売 上 原 価） 312,500	（売 上） 375,000 （製 品） 312,500
工場側	仕訳不要	
本社側	（売 掛 金） 375,000 （売 上 原 価） 312,500	（売 上） 375,000 （製 品） 312,500

> **POINT！**
> 工場側・本社側それぞれの勘定科目をしっかり確認しましょう！

　工場が独立会計制度を採用しているとき，次の勘定科目を用いて，各取引の工場側における仕訳を行いなさい。なお，仕訳が必要ない場合には「仕訳不要」と記入すること。

工場側の勘定科目…材料，賃金給料，製造間接費，仕掛品，製品，本社
本社側の勘定科目…現金，製品，買掛金，預り金，売上原価，売掛金，売上，
　　　　　　　　　工場

① 　材料180,000円を掛けで購入した。

② 　直接材料費108,000円と間接材料費36,000円を消費した。

③ 　工場従業員に給与支給総額360,000円から預り金27,000円を差し引き，現金で支給した。

④ 　直接労務費270,000円と間接労務費90,000円を消費した。

⑤ 　製造間接費540,000円を配賦した。

⑥ 　工場で製品720,000円が完成し，工場の倉庫に保管した。

⑦ 　工場に保管中の製品450,000円を本社へ送付した。

⑧ 　製品450,000円（原価）を540,000円で掛販売した。

総合原価計算Ⅰ

このチャプターでは，総合原価計算による
製品原価の集計方法を学習します。
月末仕掛品原価の計算方法をしっかりと確認しましょう。

総合原価計算

合格のコツ 月末仕掛品原価の計算方法を押さえよう！

① 総合原価計算とは

同じ規格の製品を大量に生産する大量見込生産形態に適用される原価計算を総合原価計算といいます。

　総合原価計算では，生産数量にもとづいて月末仕掛品原価や完成品原価を計算します。

　たとえば，製造原価100円で仕掛品2個と完成品8個を作った場合，仕掛品原価20円，完成品原価80円と計算します。

　完成品原価の計算手順は次のように押さえましょう。

完成品総合原価＝原価計算期間の総製造原価－月末仕掛品原価

$$完成品単位原価 = \frac{完成品総合原価}{完成品数量}$$

POINT！
月末仕掛品原価を計算できれば完成品原価は差引で
計算できるので，月末仕掛品原価の計算が重要！

② 月末仕掛品原価の計算

　総合原価計算では，製造原価を**直接材料費**と**加工費**に分けて計算します。オーダーメイドが前提の個別原価計算とは違って，ざっくり計算です。

　製品の製造過程を「工程（こうてい）」といい，製造着手時点を「始点（してん）」，製品の完成時点を「終点（しゅうてん）」といいます。

　また，完成品の加工費を100%としたときの加工費の発生割合を「加工進捗度（かこうしんちょくど）」といいます。

　直接材料費と加工費は原価の発生の仕方が違うため，別々に計算する必要があります。

1 直接材料費（始点投入）

　直接材料費は，材料を投入したときに発生し，加工が進んでも原価が増加しないので**加工進捗度を考慮する必要はありません**。

2 加工費

　加工費は，加工をすればするほど，どんどん原価が増加します。よって，加工進捗度次第で発生額が変わるため，**加工進捗度を考慮する必要があります**。

CHAPTER
9

総合原価計算Ⅰ

119

▶直接材料費と加工費の発生の違い

仮に完成品1個を作るための直接材料費と加工費が100円ずつだった場合，その発生の仕方は次のようになります。

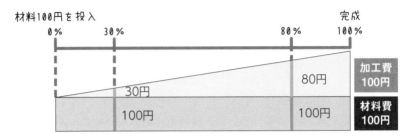

・材料費は？

100円の材料を加工して製品を作った場合，材料費は100円です。では，100円の材料を使って加工が30％しか終わっていない仕掛品を作った場合はどうでしょうか。この場合も100円の材料を使っているわけですから材料費は100円です。

・加工費は？

一方で，加工費は加工作業に伴って発生する原価です。100％加工が完了すると100円である場合，加工進捗度が30％の仕掛品には30円しか原価は発生していないと考えます。

> **POINT！**
> 加工費は加工進捗度を考慮して計算！

③ 月末仕掛品原価を計算してみよう

それでは，実際に以下の資料から月末仕掛品原価を計算してみましょう。

資料

1　生産データ	2　原価データ
当月投入　5個	当月製造費用
月末仕掛　2個（50％）	直接材料費　50,000円
完成品　3個	加工費　60,000円

仕掛品の（　）内は加工進捗度を示す。また，材料は工程の始点で投入する。

120

手順① 直接材料費は加工進捗度を考慮せずに，数量で計算します。

今月は，完成品3個と月末仕掛品2個を作っているので，製品5個分の材料を投入しています。その原価が当月製造費用50,000円です。

月末仕掛品の直接材料費 $\dfrac{50,000円}{5個} \times 2個 = 20,000円$

投入した5個のうち2個分の原価が月末仕掛品原価です。

手順② 加工費は加工進捗度を考慮して，換算量で計算します。

今月は，100%加工した3個と50%加工した2個を作っているので，完成品4個分相当の加工をしています。

これを**完成品換算量**といい，次のように計算します。

完成品換算量＝数量×加工進捗度

月末仕掛品の換算量は2個×50% = 1個です。完成品は1個が100%なので，50%の仕掛品が2個で完成品1個分相当ということになります。

完成品4個分相当の加工に対する原価が当月製造費用60,000円です。

月末仕掛品の加工費 $\dfrac{60,000円}{4個} \times 1個 = 15,000円$

加工した完成品4個分のうち1個分の原価が月末仕掛品原価です。

POINT！
① 総合原価計算では数量にもとづいて月末仕掛品原価を計算！
② 材料費は数量で計算し，加工費は換算量（数量×進捗度）で計算！

④ 月初仕掛品がある場合の計算方法

月末仕掛品は，翌月になればその月の月初仕掛品となります。月末仕掛品原価を計算するときには月初仕掛品原価も考慮する必要があります。

月初仕掛品がある場合の月末仕掛品原価の計算方法には**平均法**と**先入先出法**の2つがあります。

1 平均法による月末仕掛品原価の計算

平均法は，月初仕掛品原価も当月製造費用とみなして，月末仕掛品原価を計算する方法です。

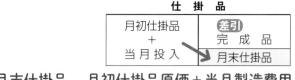

$$\frac{月末仕掛品}{原価} = \frac{月初仕掛品原価＋当月製造費用}{完成品量＋月末仕掛品量} ×月末仕掛品量$$

同じ ↓
月初仕掛品量＋当月投入量

2 先入先出法による月末仕掛品原価の計算

先入先出法は，月初仕掛品はすべて先に完成したとみなして，当月製造費用から月末仕掛品原価を計算する方法です。

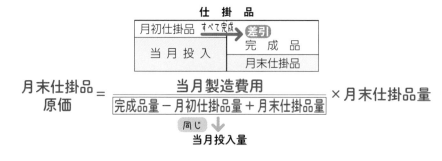

$$\frac{月末仕掛品}{原価} = \frac{当月製造費用}{完成品量－月初仕掛品量＋月末仕掛品量} ×月末仕掛品量$$

同じ ↓
当月投入量

⑤ 平均法で計算してみよう

それでは，実際に以下の資料により平均法で月末仕掛品原価と完成品原価を計算してみましょう。

資料

1　生産データ
　月初仕掛品　　50個（1/2）
　当月投入　　 260個
　　合　計　　 310個
　月末仕掛品　　60個（1/3）
　完　成　品　 250個

2　原価データ
　月初仕掛品原価
　　直接材料費　　29,700円
　　加　工　費　　27,600円
　当月製造費用
　　直接材料費　 162,500円
　　加　工　費　 257,250円

仕掛品の（　）内は加工進捗度を示す。また，材料はすべて工程の始点で投入する。

手順①　総合原価計算の問題を解答する際には，**必ず図を書いて解答**しましょう。計算ミスがグッと減ります。2つの図を合算すれば仕掛品勘定の数値になります。

資料1の生産データから直接材料費と加工費の計算図を用意し，数量と換算量を書きます。

直接材料費（数量）

月初	50個	完成	250個
当月	260個	月末	60個

加工費（換算量）

月初	25個	完成	250個
当月	245個　差引	月末	20個

左に月初仕掛品と当月投入を，右に完成品と月末仕掛品を書きます。左右の数量合計や換算量合計，金額合計は一致します。

月末仕掛品の換算量　60個×1/3＝20個

月初仕掛品の換算量　50個×1/2＝25個

当月投入の換算量　250個＋20個−25個＝245個

当月投入の換算量は右側合計から月初を差し引いて計算します。

資料２の原価データから月初仕掛品原価と当月製造費用を書き加え
ます。

直接材料費（数量）	
月初　　　50個 　　29,700円	完成　　　250個
当月　　260個 　　162,500円	月末　　　60個

加工費（換算量）	
月初　　　25個 　　27,600円	完成　　　250個
当月　　245個 　　257,250円	月末　　　20個

手順❸ 月初仕掛品と当月製造費用の平均単価を計算します。

　平均単価は月初仕掛品と当月投入の金額合計を数量（換算量）合計で除す
ことにより計算します。

直接材料費（数量）	
月初　　　50個 　　29,700円	完成　　　250個
当月　　260個 　　162,500円	月末　　　60個

@620円

加工費（換算量）	
月初　　　25個 　　27,600円	完成　　　250個
当月　　245個 　　257,250円	月末　　　20個

@1,055円

$$\frac{29,700円 + 162,500円}{50個 + 260個} = @620円$$

$$\frac{27,600円 + 257,250円}{25個 + 245個} = @1,055円$$

手順❹ 平均単価で月末仕掛品原価を計算します。

月末仕掛品原価（直接材料費）　60個 × @　620円 = 37,200円

月末仕掛品原価（加　工　費）　20個 × @1,055円 = 21,100円

直接材料費（数量）	
月初　　　50個 　　29,700円	完成　　　250個
当月　　260個 　　162,500円	月末　　　60個 　　37,200円 　　@620円

@620円

加工費（換算量）	
月初　　　25個 　　27,600円	完成　　　250個
当月　　245個 　　257,250円	月末　　　20個 　　21,100円 　　@1,055円

@1,055円

手順⑤ 左側の合計から月末仕掛品原価を差し引いて完成品原価を計算します。

完成品原価（直接材料費）　29,700円 + 162,500円 − 37,200円 = 155,000円

完成品原価（加　工　費）　27,600円 + 257,250円 − 21,100円 = 263,750円

<table>
<tr><th colspan="2" style="text-align:center">直接材料費（数量）</th></tr>
<tr>
<td>月初　　50個
29,700円</td>
<td>完成　　250個
155,000円
差引</td>
</tr>
<tr>
<td>当月　　260個
162,500円</td>
<td>月末　　60個
37,200円
@620円</td>
</tr>
</table>

@620円

<table>
<tr><th colspan="2" style="text-align:center">加工費（換算量）</th></tr>
<tr>
<td>月初　　25個
27,600円</td>
<td>完成　　250個
263,750円
差引</td>
</tr>
<tr>
<td>当月　　245個
257,250円</td>
<td>月末　　20個
21,100円
@1,055円</td>
</tr>
</table>

@1,055円

手順⑥ 完成品原価を完成品量で除して完成品単位原価を計算します。

$$\frac{155,000円 + 263,750円}{250個} = @1,675円$$

POINT !

平均法は，月初と当月の平均単価で月末仕掛品原価を計算する。

CHAPTER

9

総合原価計算Ⅰ

次の資料にもとづいて，月末仕掛品の評価方法を平均法によった場合の月末仕掛品原価，完成品総合原価および完成品単位原価を計算し，仕掛品勘定を完成しなさい。

[資料]

1　生産データ		2　原価データ	
月初仕掛品	250個（1／2）	月初仕掛品原価	
当月投入	2,250個	直接材料費	44,000円
合　計	2,500個	加　工　費	59,500円
月末仕掛品	500個（1／2）	当月製造費用	
完　成　品	2,000個	直接材料費	306,000円
		加　工　費	705,500円

　仕掛品の（　）内は加工進捗度を示す。また，材料は工程の始点で投入する。

月末仕掛品原価		完成品総合原価	
直 接 材 料 費	円	直 接 材 料 費	円
加　　工　　費	円	加　　工　　費	円
合　　　　計	円	合　　　　計	円
		完成品単位原価	円

仕　掛　品

前　月　繰　越		製　　　　　品	
材　　　　　料		次　月　繰　越	
加　　工　　費			

⑥ 先入先出法で計算してみよう

　それでは，実際に以下の資料により先入先出法で月末仕掛品原価と完成品原価を計算してみましょう。

資　料

1　生産データ
月初仕掛品　　50個　（1/2）
当月投入　　260個
合　計　　　310個
月末仕掛品　　60個　（1/3）
完成品　　　250個

2　原価データ
月初仕掛品原価
直接材料費　　　29,700円
加工費　　　　　27,600円
当月製造費用
直接材料費　　162,500円
加工費　　　　257,250円

　仕掛品の（　）内は加工進捗度を示す。また，材料は工程の始点で投入する。

手順❶ と **手順❷** は平均法と同様です。

手順❸ 当月製造費用の単価を計算します。

直接材料費（数量）

月初　　50個	完成　　250個
29,700円	
当月　　260個	月末　　60個
162,500円	
@625円	

$$\frac{162,500円}{260個}=@625円$$

加工費（換算量）

月初　　25個	完成　　250個
27,600円	
当月　　245個	月末　　20個
257,250円	
@1,050円	

$$\frac{257,250円}{245個}=@1,050円$$

手順④ 当月の単価で月末仕掛品原価を計算します。

月末仕掛品原価（直接材料費） 60個 × @ 625円 = 37,500円

月末仕掛品原価（加 工 費） 20個 × @1,050円 = 21,000円

<table>
<tr><td colspan="2" align="center">直接材料費（数量）</td><td colspan="2" align="center">加工費（換算量）</td></tr>
<tr>
<td>月初　　50個
29,700円</td>
<td>完成　　250個</td>
<td>月初　　25個
27,600円</td>
<td>完成　　250個</td>
</tr>
<tr>
<td>当月　　260個
162,500円
@625円</td>
<td>月末　　60個
37,500円
@625円</td>
<td>当月　　245個
257,250円
@1,050円</td>
<td>月末　　20個
21,000円
@1,050円</td>
</tr>
</table>

手順⑤ 左側の合計から月末仕掛品原価を差し引いて完成品原価を計算します。

完成品原価（直接材料費） 29,700円 + 162,500円 − 37,500円 = 154,700円

完成品原価（加 工 費） 27,600円 + 257,250円 − 21,000円 = 263,850円

<table>
<tr><td colspan="2" align="center">直接材料費（数量）</td><td colspan="2" align="center">加工費（換算量）</td></tr>
<tr>
<td>月初　　50個
29,700円</td>
<td>完成　　250個
154,700円
差引</td>
<td>月初　　25個
27,600円</td>
<td>完成　　250個
263,850円
差引</td>
</tr>
<tr>
<td>当月　　260個
162,500円
@625円</td>
<td>月末　　60個
37,500円
@625円</td>
<td>当月　　245個
257,250円</td>
<td>月末　　20個
21,000円
@1,050円</td>
</tr>
</table>

手順⑥ 完成品原価を完成品量で除して完成品単位原価を計算します。

$$\frac{154,700円 + 263,850円}{250個} = @1,674.2円$$

POINT！

先入先出法は，当月の単価で月末仕掛品原価を計算！

次の資料にもとづいて，月末仕掛品の評価方法を先入先出法によった場合の月末仕掛品原価，完成品総合原価および完成品単位原価を計算し，原価計算表を完成しなさい。

[資料]

1　生産データ		2　原価データ	
月初仕掛品	250個（1/2）	月初仕掛品原価	
当月投入	2,250個	直接材料費	44,000円
合　計	2,500個	加　工　費	59,500円
月末仕掛品	500個（1/2）	当月製造費用	
完　成　品	2,000個	直接材料費	306,000円
		加　工　費	705,500円

　仕掛品の（　）内は加工進捗度を示す。また，材料は工程の始点で投入する。

月末仕掛品原価		完成品総合原価	
直 接 材 料 費	円	直 接 材 料 費	円
加　　工　　費	円	加　　工　　費	円
合　　　　計	円	合　　　　計	円
		完成品単位原価	円

原価計算表　　　　　　（単位：円）

摘　要	直接材料費	加　工　費	合　　計
月初仕掛品			
当 月 投 入			
合　計			
月末仕掛品			
完　成　品			

SECTION 2

材料の追加投入

合格のコツ　投入の仕方ごとの計算方法を押さえよう！

① 材料の追加投入

　工程の始点で材料投入した後に，**別の材料を工程の途中で追加投入する場合**があります。

　この場合は，始点投入材料とは区分けして直接材料費を計算します。

▶ **工程の一定点（○％）における追加投入**

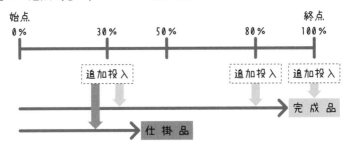

　上記の図からわかるように，工程の何％の点で追加投入しても必ず完成品には材料が追加投入されています。よって，**「仕掛品に投入されているか否か」が計算上のポイント**になります。

　仕掛品の加工進捗度が50％のとき，工程の30％点で追加投入する場合は，仕掛品にも材料が投入されています。工程の80％点で追加投入する場合は，仕掛品にはまだ材料が投入されていません。

> 月末仕掛品に…

- **材料が投入されている場合**…完成品と月末仕掛品の数量で原価を計算します。
- **材料が投入されていない場合**…原価の全額を完成品原価とします。

▶工程を通じて平均的に追加投入

工程を通じて平均的に材料を投入する場合は，材料を加工の進捗に応じて徐々に投入していきます。

この場合，加工が進むにつれて材料費が増加していくため，加工費と同じように，**月末仕掛品と完成品の換算量で材料費を計算**します。

② 追加投入材料の直接材料費を計算してみよう

それでは，実際に追加投入材料の直接材料費を計算してみましょう。

資 料

1 生産データ
月初仕掛品　50個（30%）
当月投入　260個
合　計　310個
月末仕掛品　60個（50%）
完成品　250個

2 原価データ
月初仕掛品原価
　A 材 料 費　　−
　B 材 料 費　8,550円
当月製造費用
　A 材 料 費　105,400円
　B 材 料 費　145,750円

仕掛品の（　）内は加工進捗度を示す。A材料は工程の40%で投入し，B材料は工程を通じて平均的に投入する。月末仕掛品の評価は先入先出法による。

手順① A材料の投入点と仕掛品の進捗度を図に書いてから計算を始めましょう。

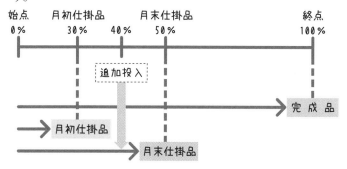

手順② A材料とB材料に分けて，生産データと原価データをまとめます。

月末仕掛品は50％まで加工が進んでいるので，A材料が投入されています。月初仕掛品は30％しか加工が進んでいないので，A材料が投入されていません。よって，A材料費の計算上は月初仕掛品を無視します。

40％投入

A材料費（数量）

月初	0個	完成	250個
(30%)	0円		
40%より小			
当月	310個	月末	60個
差引		(50%)	
105,400円		40%より大	

平均的投入

B材料費（換算量）

月初	15個	完成	250個
(50個×30%)			
8,550円			
当月	265個	月末	30個
差引		(60個×50%)	
145,750円			

手順③ 当月の単価で月末仕掛品原価を計算し，完成品を計算します。

A材料費（数量）

月初	0個	完成	250個
	0円		85,000円
		差引	
当月	310個	月末	60個
105,400円		20,400円	
@340円		@340円	

B材料費（換算量）

月初	15個	完成	250個
	8,550円		137,800円
		差引	
当月	265個	月末	30個
145,750円		16,500円	
@550円		@550円	

月末仕掛品原価（A材料費）　60個×@340円＝20,400円

月末仕掛品原価（B材料費）　30個×@550円＝16,500円

完成品原価（A材料費）　105,400円－20,400円＝85,000円

完成品原価（B材料費）　8,550円＋145,750円－16,500円＝137,800円

POINT！
A材料は，投入点と仕掛品の進捗度を比較して計算！

次の資料にもとづいて，月末仕掛品の評価方法を先入先出法によった場合の月末仕掛品原価，完成品総合原価を計算し，仕掛品勘定を完成しなさい。

[資料]

1	生産データ		2	原価データ	
	月初仕掛品	200個（60%）		月初仕掛品原価	
	当月投入	1,600個		A材料費	123,000円
	合　計	1,800個		B材料費	40,800円
	月末仕掛品	300個（40%）		当月製造費用	
	完　成　品	1,500個		A材料費	806,000円
				B材料費	495,000円

　仕掛品の（　）内は加工進捗度を示す。A材料は工程の50%で投入し，B材料は工程を通じて平均的に投入する。

月末仕掛品原価			完成品総合原価	
A 材 料 費	円		A 材 料 費	円
B 材 料 費	円		B 材 料 費	円
合　　　計	円		合　　　計	円

仕 掛 品

月 初 有 高	完 成 品 原 価
A 材 料 費	月 末 有 高
B 材 料 費	

減損および仕損

合格のコツ 減損費の負担方法を押さえよう!

① 減損とは

　水10ℓを加熱すると1ℓ蒸発して熱湯が9ℓしか完成しない場合，この1ℓを「減損(げんそん)」といいます。

　減損とは，**加工中に原材料がなくなること**をいい，製品を完成させるために必要な，避けることのできない減損を正常減損といいます。

② 正常減損費

　正常減損の発生までにかかった原価を「正常減損費(せいじょうげんそんひ)」といいます。

　水1ℓを100円で買ってきて，光熱費を50円かけて加熱した結果，蒸発してすべてなくなってしまった場合には150円が正常減損費となります。

　正常減損費は完成品や月末仕掛品に負担させます。これは，**正常減損費も製品の製造に必要不可欠な原価である**と考えられるためです。

❸ 正常減損費の負担計算

　2級では，度外視法という方法で正常減損費を完成品や月末仕掛品に負担させます。度外視法では，**正常減損費を計算せずに，完成品や月末仕掛品に自動的に負担**させます。

▶**度外視法による負担計算**

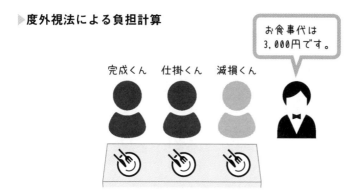

　度外視法の計算について例え話で見てみましょう。

　完成くんと仕掛くん，減損くんの3人で食事をしました。割り勘で精算しようとしたとき，減損くんは煙のように消えて居なくなっていました（減損の発生）。

　さて，完成くんと仕掛くんはいくらずつ支払わなければならないでしょうか。

　答えは3,000円÷2人=1,500円ずつです。減損くんがいれば，3,000円÷3人=1,000円ずつとなるはずでしたが，減損くんを無視して完成くんと仕掛くんで負担したことになります。

　このように単価を計算する際に，減損を無視（度外視）することで正常減損費を自動的に負担（+500円）させるのが**度外視法**です。

> **POINT！**
> 正常減損費を負担させる場合，月末仕掛品原価を計算する際に，
> 減損分を無視して単価を計算しよう！

④ 正常減損が工程終点で発生する場合

正常減損が工程終点で発生する場合は，正常減損費を**完成品のみ**に負担させます。

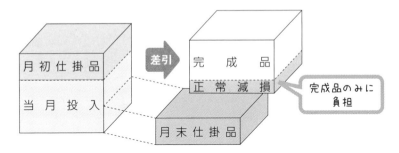

これは言い換えれば，**月末仕掛品には負担させない**ということです。月末仕掛品の単価を計算する際に，減損を無視すると正常減損費を負担させてしまいますので，無視しないように気をつけましょう。

⑤ 正常減損が工程の途中で発生する場合

正常減損が工程の途中で発生し，**発生点がわからない場合は，正常減損費を完成品と月末仕掛品の両者に負担**させます。

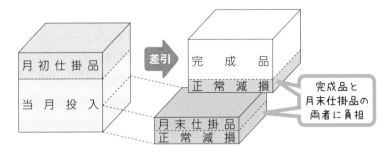

月末仕掛品の単価を計算する際に，減損を無視して正常減損費を負担させます。

⑥ 正常減損が工程の終点で発生する場合を計算してみよう

それでは，実際に工程の終点で正常減損が発生する場合の計算を確認してみましょう。

資 料

1 生産データ		2 原価データ	
月初仕掛品	200kg（1/2）	月初仕掛品原価	
当月投入	600kg	直接材料費	82,000円
合 計	800kg	加 工 費	68,200円
月末仕掛品	200kg（1/4）	当月製造費用	
差 引	600kg	直接材料費	240,000円
正常減損	100kg	加 工 費	346,500円
完 成 品	500kg		

仕掛品の（ ）内は加工進捗度を示し，正常減損は工程の終点で発生した。また，材料は工程の始点で投入する。

1 平均法による場合

手順① 直接材料費と加工費のボックス図を用意し，数量と換算量を書きます。

直接材料費（数量）			
月初	200kg	完成	500kg
当月	600kg	減損	100kg
		月末	200kg

加工費（換算量）			
月初	100kg	完成	500kg
当月	550kg	減損	100kg
差引		月末	50kg

減損は右側に書きます。正常減損は工程の終点，つまり加工進捗度100%の点で発生しているため，換算量は100kg×100%＝100kgとなります。

月末仕掛品の換算量 200kg×1/4＝50kg

月初仕掛品の換算量 200kg×1/2＝100kg

当月投入の換算量 500kg＋100kg＋50kg－100kg＝550kg

手順② 月初仕掛品原価と当月製造費用を書き加えます。

直接材料費（数量）

月初 200kg 82,000円	完成 500kg
当月 600kg 240,000円	減損 100kg
	月末 200kg

加工費（換算量）

月初 100kg 68,200円	完成 500kg
当月 550kg 346,500円	減損 100kg
	月末 50kg

手順③ 月初仕掛品と当月製造費用の平均単価を計算します。

月末仕掛品には正常減損費を負担させないので，通常の平均法による単価を計算します。

直接材料費（数量）

月初 200kg 82,000円	完成 500kg
当月 600kg 240,000円	減損 100kg
	月末 200kg

@402.5円

加工費（換算量）

月初 100kg 68,200円	完成 500kg
当月 550kg 346,500円	減損 100kg
	月末 50kg

@638円

$$\frac{82,000円 + 240,000円}{200kg + 600kg} = @402.5円 \qquad \frac{68,200円 + 346,500円}{100kg + 550kg} = @638円$$

手順④ 平均単価で月末仕掛品原価を計算します。

直接材料費（数量）

月初 200kg 82,000円	完成 500kg
当月 600kg 240,000円	減損 100kg
	月末 200kg 80,500円 @402.5円

@402.5円

加工費（換算量）

月初 100kg 68,200円	完成 500kg
当月 550kg 346,500円	減損 100kg
	月末 50kg 31,900円 @638円

@638円

月末仕掛品原価（直接材料費） 200kg × @402.5円 = 80,500円

月末仕掛品原価（加 工 費） 50kg × @638円 = 31,900円

手順⑤ 左側の合計から月末仕掛品原価を差し引いて完成品原価を計算します。

正常減損を度外視し，完成品原価を差引で計算することにより，正常減損費を完成品に自動的に負担させます。

直接材料費（数量）

月初　　200kg 　　82,000円	完成　　500kg 　　241,500円 　差引
当月　　600kg 　　240,000円	減損　　100kg
	月末　　200kg 　　80,500円 　@402.5円

@402.5円

加工費（換算量）

月初　　100kg 　　68,200円	完成　　500kg 　　382,800円 　差引
当月　　550kg 　　346,500円	減損　　100kg
	月末　　50kg 　　31,900円 　@638円

@638円

完成品原価（直接材料費）　82,000円＋240,000円－80,500円＝241,500円

完成品原価（加　工　費）　68,200円＋346,500円－31,900円＝382,800円

2　先入先出法による場合

手順① と **手順②** は平均法と同様です。

手順③ 当月製造費用の単価を計算します。

月末仕掛品には正常減損費を負担させないので，通常の先入先出法による単価を計算します。

直接材料費（数量）

月初　　200kg 　　82,000円	完成　　500kg
当月　　600kg 　　240,000円 　@400円	減損　　100kg
	月末　　200kg

加工費（換算量）

月初　　100kg 　　68,200円	完成　　500kg
当月　　550kg 　　346,500円 　@630円	減損　　100kg
	月末　　50kg

$$\frac{240,000円}{600kg}＝@400円$$

$$\frac{346,500円}{550kg}＝@630円$$

手順④ 当月の単価で月末仕掛品原価を計算します。

直接材料費（数量）

月初　　200kg 82,000円	完成　　500kg 68,200円
当月　　600kg 240,000円 @400円	減損　　100kg
	月末　　200kg 80,000円 @400円

加工費（換算量）

月初　　100kg 68,200円	完成　　500kg
当月　　550kg 346,500円 @630円	減損　　100kg
	月末　　　50kg 31,500円 @630円

月末仕掛品原価（直接材料費） 　200kg × @400円 = 80,000円

月末仕掛品原価（加　工　費） 　50kg × @630円 = 31,500円

手順⑤ 左側の合計から月末仕掛品原価を差し引いて完成品原価を計算します。

　正常減損を度外視し，完成品原価を差引で計算することにより，正常減損費を完成品に自動的に負担させます。

直接材料費（数量）

月初　　200kg 82,000円	完成　　500kg 242,000円
	差引
当月　　600kg 240,000円 @400円	減損　　100kg
	月末　　200kg 80,000円 @400円

加工費（換算量）

月初　　100kg 68,200円	完成　　500kg 383,200円
	差引
当月　　550kg 346,500円 @630円	減損　　100kg
	月末　　　50kg 31,500円 @630円

完成品原価（直接材料費） 　82,000円 + 240,000円 − 80,000円 = 242,000円

完成品原価（加　工　費） 　68,200円 + 346,500円 − 31,500円 = 383,200円

> **POINT !**
> 月末仕掛品原価は通常の平均法または先入先出法で計算！
> 完成品原価は差引で計算！

次の資料にもとづいて，月末仕掛品の評価方法を平均法によった場合の月末仕掛品原価，完成品総合原価および完成品単位原価を計算し，仕掛品勘定を完成しなさい。

[資料]

1 生産データ			2 原価データ	
月初仕掛品	200kg（1/2）		月初仕掛品原価	
当月投入	1,350kg		直接材料費	321,300円
合　計	1,550kg		加　工　費	154,000円
月末仕掛品	100kg（1/2）		当月製造費用	
正常減損	100kg		直接材料費	2,106,000円
完成品	1,350kg		加　工　費	2,114,000円

仕掛品の（　）内は加工進捗度を示す。正常減損は工程の終点で発生した。また，材料は工程の始点で投入する。

月末仕掛品原価		完成品総合原価	
直 接 材 料 費	円	直 接 材 料 費	円
加　工　費	円	加　工　費	円
合　　計	円	合　　計	円
		完成品単位原価	円

仕 掛 品

前 月 繰 越		製　　　　品	
材　　　料		次 月 繰 越	
加　工　費			

⑦ 正常減損が工程の途中で発生する場合を計算してみよう

それでは，実際に正常減損が工程の途中で発生する場合の計算を確認してみましょう。

資 料

1 生産データ		
月初仕掛品	200kg	（1/2）
当月投入	600kg	
合　計	800kg	
月末仕掛品	200kg	（1/4）
差　引	600kg	
正常減損	100kg	
完　成　品	500kg	

2 原価データ
月初仕掛品原価
　直 接 材 料 費　82,000円
　加　工　費　68,200円
当月製造費用
　直 接 材 料 費　240,000円
　加　工　費　346,500円

仕掛品の（ ）内は加工進捗度を示し，正常減損は工程の途中で発生した。また，材料は工程の始点で投入する。

1 平均法による場合

手順❶ 直接材料費と加工費のボックス図を用意し，数量と換算量を書きます。

正常減損が工程の途中で発生した場合は，正常減損分は初めから投入されていなかったと考えて，完全に度外視します。そのため，当月投入の換算量は差引で求めます

直接材料費（数量）

月初	200kg	完成	500kg
当月 **差引**	500kg	月末	200kg

加工費（換算量）

月初	100kg	完成	500kg
当月 **差引**	450kg	月末	50kg

月末仕掛品の換算量　　200kg × 1/4 ＝ 50kg

月初仕掛品の換算量　　200kg × 1/2 ＝ 100kg

当月投入の換算量　　500kg ＋ 50kg － 100kg ＝ 450kg

手順❷ 月初仕掛品原価と当月製造費用を書き加えます。

直接材料費（数量）		
月初　　200kg 82,000円	完成　　500kg	
当月　　500kg 240,000円	月末　　200kg	

加工費（換算量）		
月初　　100kg 68,200円	完成　　500kg	
当月　　450kg 346,500円	月末　　50kg	

手順❸ 月初仕掛品と当月製造費用の平均単価を計算します。

　正常減損の物量を度外視しているので，正常減損費を負担した単価が計算されます。これを使って，月末仕掛品にも正常減損費を負担させます。

直接材料費（数量）		
月初　　200kg 82,000円	完成　　500kg	
当月　　500kg 240,000円	月末　　200kg	

@460円

加工費（換算量）		
月初　　100kg 68,200円	完成　　500kg	
当月　　450kg 346,500円	月末　　50kg	

@754円

$$\frac{82,000円 + 240,000円}{200kg + 500kg} = @460円 \qquad \frac{68,200円 + 346,500円}{100kg + 450kg} = @754円$$

手順❹ 平均単価で月末仕掛品原価を計算します。

直接材料費（数量）		
月初　　200kg 82,000円	完成　　500kg	
当月　　500kg 240,000円	月末　　200kg 92,000円 @460円	

@460円

加工費（換算量）		
月初　　100kg 68,200円	完成　　500kg	
当月　　450kg 346,500円	月末　　50kg 37,700円 @754円	

@754円

月末仕掛品原価（直接材料費）　200kg × @460円 = 92,000円

月末仕掛品原価（加　工　費）　50kg × @754円 = 37,700円

手順❺ 左側の合計から月末仕掛品原価を差し引いて完成品原価を計算します。

直接材料費（数量）		
月初　　200kg 82,000円	完成　　500kg 230,000円	
	差引	
当月　　500kg 240,000円	月末　　200kg 92,000円 @460円	

@460円

加工費（換算量）		
月初　　100kg 68,200円	完成　　500kg 377,000円	
	差引	
当月　　450kg 346,500円	月末　　 50kg 37,700円 @754円	

@754円

完成品原価（直接材料費）　82,000円＋240,000円－92,000円＝230,000円

完成品原価（加　工　費）　68,200円＋346,500円－37,700円＝377,000円

2　先入先出法による場合

手順❶ と **手順❷** は平均法と同様です。

手順❸　当月製造費用の単価を計算します。

　正常減損の物量を度外視しているので，正常減損費を負担した単価が計算されます。これを使って，月末仕掛品にも正常減損費を負担させます。

直接材料費（数量）		
月初　　200kg 82,000円	完成　　500kg	
当月　　500kg 240,000円 @480円	月末　　200kg	

加工費（換算量）		
月初　　100kg 68,200円	完成　　500kg	
当月　　450kg 346,500円 @770円	月末　　 50kg	

$$\frac{240,000円}{500kg} = @480円$$

$$\frac{346,500円}{450kg} = @770円$$

手順④ 当月の単価で月末仕掛品原価を計算します。

直接材料費（数量）

月初　　200kg 　　82,000円	完成　　500kg
当月　　500kg 　　240,000円 　　@480円	月末　　200kg 　　96,000円 　　@480円

加工費（換算量）

月初　　100kg 　　68,200円	完成　　500kg
当月　　450kg 　　346,500円 　　@770円	月末　　50kg 　　38,500円 　　@770円

月末仕掛品原価（直接材料費）　200kg × @480円 = 96,000円

月末仕掛品原価（加　工　費）　50kg × @770円 = 38,500円

手順⑤ 左側の合計から月末仕掛品原価を差し引いて完成品原価を計算します。

直接材料費（数量）

月初　　200kg 　　82,000円	完成　　500kg 　　226,000円 差引
当月　　500kg 　　240,000円 　　@480円	月末　　200kg 　　96,000円 　　@480円

加工費（換算量）

月初　　100kg 　　68,200円	完成　　500kg 　　376,200円 差引
当月　　450kg 　　346,500円 　　@770円	月末　　50kg 　　38,500円 　　@770円

完成品原価（直接材料費）　82,000円 + 240,000円 − 96,000円 = 226,000円

完成品原価（加　工　費）　68,200円 + 346,500円 − 38,500円 = 376,200円

> **POINT !**
>
> 正常減損が工程の途中で発生した場合は，
> 正常減損を完全に無視して計算！

次の資料にもとづいて，月末仕掛品の評価方法を平均法によった場合の月末仕掛品原価，完成品総合原価および完成品単位原価を計算し，仕掛品勘定を完成しなさい。

[資料]

1　生産データ

月初仕掛品	200kg（1/2）
当月投入	1,350kg
合　計	1,550kg
月末仕掛品	100kg（1/2）
正常減損	100kg
完成品	1,350kg

2　原価データ

月初仕掛品原価
直接材料費	321,300円
加　工　費	154,000円

当月製造費用
直接材料費	2,106,000円
加　工　費	2,114,000円

仕掛品の（　）内は加工進捗度を示す。正常減損は工程の途中で発生した。また，材料は工程の始点で投入する。

月末仕掛品原価		完成品総合原価	
直接材料費	円	直接材料費	円
加　工　費	円	加　工　費	円
合　　計	円	合　　計	円
		完成品単位原価	円

仕　掛　品

前月繰越		製　　品	
材　　料		次月繰越	
加　工　費			

⑧ 正常仕損が発生する場合

　製品の製造中に加工に失敗する場合があります。これを仕損といい，この場合の正常仕損費は正常減損費と同様に処理します。

⑨ 正常仕損が発生する場合を計算してみよう

　それでは，実際に正常仕損が発生する場合の計算を確認してみましょう。

資料

1　生産データ

月初仕掛品	200個（1/2）
当月投入	600個
合計	800個
月末仕掛品	200個（1/4）
差引	600個
正常仕損	100個
完成品	500個

2　原価データ

月初仕掛品原価	
直接材料費	82,000円
加工費	68,200円
当月製造費用	
直接材料費	240,000円
加工費	346,500円

　仕掛品の（　）内は加工進捗度を示し，仕損品評価額はゼロである。また，材料は工程の始点で投入し，月末仕掛品の評価は平均法による。

1　正常仕損が工程の終点で発生した場合

手順　正常減損が発生する場合と同様に計算します。

直接材料費（数量）

月初 200個 82,000円	完成 500個 241,500円
	差引
当月 600個 240,000円	仕損 100個
	月末 200個 80,500円 @402.5円

@402.5円

加工費（換算量）

月初 100個 68,200円	完成 500個 382,800円
	差引
当月 550個 346,500円	仕損 100個
	月末 50個 31,900円 @638円

@638円

POINT！

正常減損が工程の終点で発生する場合と同様の計算！

2 正常仕損が工程の途中で発生した場合

手 順 正常減損が発生する場合と同様に計算します。

直接材料費（数量）

月初　　200個 　　82,000円	完成　　500個 　230,000円
	差引
当月　　500個 　240,000円	月末　　200個 　92,000円 　　@460円

@460円

加工費（換算量）

月初　　100個 　　68,200円	完成　　500個 　377,000円
	差引
当月　　450個 　346,500円	月末　　50個 　37,700円 　　@754円

@754円

$$\frac{82,000円 + 240,000円}{200個 + 500個} = @460円$$

月末仕掛品原価（直接材料費）　200個 × @460円 = 92,000円

完成品原価（直接材料費）　82,000円 + 240,000円 − 92,000円 = 230,000円

加工費の計算は，正常減損が発生する場合と同様です。

POINT！

正常減損が工程の途中で発生する場合と同様の計算！

総合原価計算 II

このチャプターでは，総合原価計算のさまざまな
バリエーションを確認します。
それぞれの特徴をしっかりと確認しましょう。

SECTION 1 総合原価計算の バリエーション

合格のコツ 総合原価計算の種類を押さえよう！

① 総合原価計算のバリエーション

前のチャプターでは，1つの製品を1つの工程で完成させることを前提とした総合原価計算を学習しました。これがもっともシンプルな総合原価計算で，正式には**単一工程単純総合原価計算**といいます。

総合原価計算を適用する企業の生産形態は，1つの製品を2つ以上の工程で完成させたり，2つ以上の製品を1つの工程で完成させたりとさまざまです。それにともない，総合原価計算にもさまざまなバリエーションがあります。

▶**工程によるバリエーション**

適用する原価計算	工程数
単一工程総合原価計算	1つ
工程別総合原価計算	2つ以上

▶**製品によるバリエーション**

適用する原価計算	製品数	製品種類
単純総合原価計算	1つ	単一製品
等級別総合原価計算	2つ以上	大きさや重さの異なる同種製品
組別総合原価計算	2つ以上	異種製品

NOTE !

〔工程によるバリエーション〕×〔製品によるバリエーション〕で，さまざまな総合原価計算がありますが，2級では〔工程別〕×〔等級別〕といった複雑な計算はほぼ出題されていません。

SECTION 2 工程別総合原価計算

合 格 の コ ツ 前工程費の計算方法を押さえよう！

① 工程別総合原価計算とは

服を作るには生地を切る作業と縫う作業が必要です。服を作る過程のうち切る作業を「第1工程」，縫う作業を「第2工程」と区分して計算するのが
こうていべつそうごうげんかけいさん
工程別総合原価計算です。

第1工程にとっての完成品（切った生地）は，第2工程にとっては投入する材料となります。

まずは，第1工程完成品の計算を行い，第2工程の材料費（これを前工程費といいます）を計算してから，第2工程完成品の計算を行いましょう。

前工程費は，数量で完成品原価と月末仕掛品原価を計算します。

POINT！

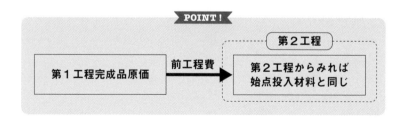

CHAPTER
10

総合原価計算Ⅱ

② 工程別総合原価計算で計算してみよう

それでは，実際に工程別総合原価計算を確認してみましょう。

資 料

1　生産データ

	第1工程	第2工程
月初仕掛品	50個（1/2）	40個（1/2）
当月投入	260個	250個
合　計	310個	290個
月末仕掛品	60個（1/3）	50個（4/5）
完成品	250個	240個

仕掛品の（　）内は加工進捗度を示す。材料は第1工程の始点で投入する。

2　原価データ

	第1工程	第2工程
月初仕掛品原価		
直接材料費	29,700円	－　円
加工費	27,600円	15,780円
前工程費	－　円	67,720円
当月製造費用		
直接材料費	162,500円	－　円
加工費	257,250円	214,500円
前工程費	－　円	?　円

3　月末仕掛品の評価は，第1工程が平均法，第2工程が先入先出法による。

 資料の見方

① 第1工程の完成品と第2工程の当月投入が同じ250個です。これは今月の第1工程完成品がすべて第2工程に投入されていることを示しています。

② 月初仕掛品原価は，言い換えれば先月末の仕掛品原価です。第1工程の月初仕掛品は先月中に材料が投入され，一部加工済なので直接材料費と加工費で構成されています。第2工程の月初仕掛品は，材料ではなく第1工程完成品が投入されているので，加工費と前工程費から構成されています。

---

1 第1工程の計算（平均法）

手順① 先に第1工程の生産データと原価データをまとめます。

<table>
<tr><th colspan="4">直接材料費（数量）</th></tr>
<tr><td>月初　　　50個
　　29,700円</td><td>完成　　　250個</td></tr>
<tr><td>当月　　　260個
　162,500円</td><td>月末　　　60個</td></tr>
</table>

<table>
<tr><th colspan="4">加工費（換算量）</th></tr>
<tr><td>月初　　　25個
　　27,600円</td><td>完成　　　250個</td></tr>
<tr><td>当月　　　245個
差引
257,250円</td><td>月末　　　20個</td></tr>
</table>

月末仕掛品の換算量　60個 × 1 / 3 ＝ 20個

月初仕掛品の換算量　50個 × 1 / 2 ＝ 25個

当月投入の換算量　250個 ＋ 20個 － 25個 ＝ 245個

手順② 月初仕掛品原価と当月製造費用の平均単価を計算します。

<table>
<tr><th colspan="4">直接材料費（数量）</th></tr>
<tr><td>月初　　　50個
　　29,700円</td><td>完成　　　250個</td></tr>
<tr><td>当月　　　260個
　162,500円</td><td>月末　　　60個</td></tr>
</table>

@620円

<table>
<tr><th colspan="4">加工費（換算量）</th></tr>
<tr><td>月初　　　25個
　　27,600円</td><td>完成　　　250個</td></tr>
<tr><td>当月　　　245個
　257,250円</td><td>月末　　　20個</td></tr>
</table>

@1,055円

$$\frac{29,700円 + 162,500円}{50個 + 260個} = @620円$$

$$\frac{27,600円 + 257,250円}{25個 + 245個} = @1,055円$$

手順❸ 平均単価で月末仕掛品原価を計算し，差引で完成品原価を計算します。

<table>
<tr><td colspan="2" align="center">直接材料費（数量）</td></tr>
<tr><td>月初   50個
29,700円</td><td>完成   250個
155,000円
差引</td></tr>
<tr><td>当月   260個
162,500円</td><td>月末   60個
37,200円
@620円</td></tr>
</table>

@620円

<table>
<tr><td colspan="2" align="center">加工費（換算量）</td></tr>
<tr><td>月初   25個
27,600円</td><td>完成   250個
263,750円
差引</td></tr>
<tr><td>当月   245個
257,250円</td><td>月末   20個
21,100円
@1,055円</td></tr>
</table>

@1,055円

月末仕掛品原価（直接材料費）	60個×@620円	= 37,200円
月末仕掛品原価（加　工　費）	20個×@1,055円	= 21,100円
合計		58,300円
完成品原価（直接材料費）	29,700円 + 162,500円 − 37,200円	= 155,000円
完成品原価（加　工　費）	27,600円 + 257,250円 − 21,100円	= 263,750円
合計（当月の前工程費）		418,750円

2　第2工程の計算（先入先出法）

手順❶ 生産データと原価データをまとめます。

<table>
<tr><td colspan="2" align="center">前工程費（数量）</td></tr>
<tr><td>月初   40個
67,720円</td><td>完成   240個</td></tr>
<tr><td>当月   250個
418,750円
第1工程
完成品原価</td><td>月末   50個</td></tr>
</table>

<table>
<tr><td colspan="2" align="center">加工費（換算量）</td></tr>
<tr><td>月初   20個
15,780円</td><td>完成   240個</td></tr>
<tr><td>当月   260個
差引
214,500円</td><td>月末   40個</td></tr>
</table>

月末仕掛品の換算量	50個 × 4 / 5 = 40個
月初仕掛品の換算量	40個 × 1 / 2 = 20個
当月投入の換算量	240個 + 40個 − 20個 = 260個

手順② 当月製造費用の単価を計算します。

前工程費（数量）

月初　　40個 67,720円	完成　　240個
当月　　250個 418,750円 @1,675円	月末　　50個

加工費（換算量）

月初　　20個 15,780円	完成　　240個
当月　　260個 214,500円 @825円	月末　　40個

$$\frac{418,750円}{250個} = @1,675円 \qquad \frac{214,500円}{260個} = @825円$$

手順③ 当月単価で月末仕掛品原価を計算し，差引で完成品原価を計算します。

前工程費（数量）

月初　　40個 67,720円	完成　　240個 402,720円 差引
当月　　250個 418,750円 @1,675円	月末　　50個 83,750円 @1,675円

加工費（換算量）

月初　　20個 15,780円	完成　　240個 197,280円 差引
当月　　260個 214,500円 @825円	月末　　40個 33,000円 @825円

月末仕掛品原価（前工程費）　50個×@1,675円 ＝　83,750円

月末仕掛品原価（加 工 費）　40個×@825円　＝　33,000円

合計　　　　　　　　　　　　　　　　　　　　　116,750円

完成品原価（前工程費）　67,720円＋418,750円－83,750円＝402,720円

完成品原価（加 工 費）　15,780円＋214,500円－33,000円＝197,280円

合計　　　　　　　　　　　　　　　　　　　　　600,000円

次の資料にもとづいて，工程別総合原価計算表を作成し，仕掛品勘定を完成しなさい。なお，月末仕掛品の評価方法は第1工程が平均法，第2工程が先入先出法による。

1　生産データ

	第1工程	第2工程
月初仕掛品	40個（1/4）	25個（3/5）
当月投入	260個	250個
合　計	300個	275個
月末仕掛品	50個（2/5）	50個（1/2）
完成品	250個	225個

仕掛品の（　）内は加工進捗度を示す。材料は第1工程の始点で投入する。

工程別総合原価計算表　　　　　　　　（単位：円）

	第　1　工　程			第　2　工　程		
	直接材料費	加工費	合　計	前工程費	加工費	合　計
月初仕掛品原価	63,600	23,800		89,200	39,000	
当月製造費用	374,400	564,800			582,800	
合　計						
月末仕掛品原価						
完成品総合原価						
完成品単位原価	@	@	@	@	@	@

第1工程仕掛品

前　月　繰　越		第2工程仕掛品	
材　　　　　料		次　月　繰　越	
加　　工　　費			

第2工程仕掛品

前　月　繰　越		製　　　　　品	
第1工程仕掛品		次　月　繰　越	
加　　工　　費			

組別総合原価計算

組間接費の配賦方法を押さえよう！

① 組別総合原価計算とは

鉄板で焼くという1つの作業（工程）でも，材料としてお好み焼きの生地を投入すればお好み焼きが，そばを投入すれば焼きそばが完成します。

このように**同一の工程で2つ以上の異種製品が完成する場合**に，組別総合（くみべつそうごう）原価計算（げんかけいさん）を適用します。

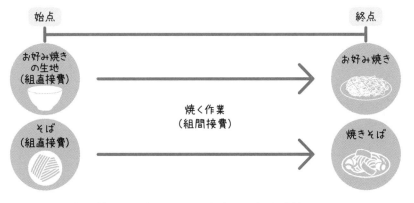

組別総合原価計算では，製品ごとの完成品原価を計算しなければなりません。しかし，焼く作業にかかった原価（これを**組間接費**といいます）は，お好み焼きと焼きそばに共通して発生します。

そこで，まずは組間接費を各製品に配賦し，製品ごとの当月製造費用を明らかにしたうえで，完成品原価を計算します。

> **POINT！**
> 各製品に共通する組間接費の配賦が組別総合原価計算の特徴です。
> そこをクリアできれば，製品ごとの完成品原価の計算方法は
> 前のチャプターと同様です。

用語チェック ✔ **組** …… 製品の種類

② 組別総合原価計算で計算してみよう

それでは，実際に組別総合原価計算を確認してみましょう。

資料

1 生産データ

	A製品	B製品
月初仕掛品	40個（1/2）	50個（2/5）
当月投入	260個	380個
合計	300個	430個
月末仕掛品	50個（1/5）	30個（2/3）
完成品	250個	400個

仕掛品の（ ）内は加工進捗度を示す。材料は工程の始点で投入する。また，月末仕掛品の評価方法は平均法による。

2 原価データ

	A製品	B製品
月初仕掛品原価		
直接材料費	70,400円	82,600円
加工費	19,440円	16,380円
当月製造費用		
直接材料費	442,000円	562,400円
加工費	554,400円	

3 加工費は組間接費であり，機械作業時間を基準として各製品に配賦する。

	A 製 品	B 製 品
実際機械作業時間	500時間	600時間

手順❶ はじめに当月製造費用の加工費を各製品に配賦します。

$$\frac{554,400円}{500時間+600時間}\times\begin{cases}500時間=252,000円 （A製品）\\600時間=302,400円 （B製品）\end{cases}$$

手順② 生産データと原価データを製品ごとにまとめます。

A製品－直接材料費（数量）

月初 40個 70,400円	完成 250個
当月 260個 442,000円	月末 50個

A製品－加工費（換算量）

月初 20個 19,440円	完成 250個
当月 240個 差引 252,000円	月末 10個

加工費配賦額

月末仕掛品の換算量 50個×1／5＝10個

月初仕掛品の換算量 40個×1／2＝20個

当月投入の換算量 250個＋10個－20個＝240個

B製品－直接材料費（数量）

月初 50個 82,600円	完成 400個
当月 380個 562,400円	月末 30個

B製品－加工費（換算量）

月初 20個 16,380円	完成 400個
当月 400個 差引 302,400円	月末 20個

加工費配賦額

月末仕掛品の換算量 30個×2／3＝20個

月初仕掛品の換算量 50個×2／5＝20個

当月投入の換算量 400個＋20個－20個＝400個

手順③ 月初仕掛品と当月製造費用の平均単価を製品ごとに計算します。

A製品－直接材料費（数量）

月初 40個 70,400円	完成 250個
当月 260個 442,000円	月末 50個

@1,708円

A製品－加工費（換算量）

月初 20個 19,440円	完成 250個
当月 240個 252,000円	月末 10個

@1,044円

$$\frac{70,400円＋442,000円}{40個＋260個}＝@1,708円$$

$$\frac{19,440円＋252,000円}{20個＋240個}＝@1,044円$$

B製品－直接材料費（数量）

月初　　50個	完成　　400個
82,600円	
当月　　380個	月末　　30個
562,400円	

@1,500円

B製品－加工費（換算量）

月初　　20個	完成　　400個
16,380円	
当月　　400個	月末　　20個
302,400円	

@759円

$$\frac{82,600円＋562,400円}{50個＋380個}＝@1,500円 \qquad \frac{16,380円＋302,400円}{20個＋400個}＝@759円$$

手順④ 平均単価で月末仕掛品原価を計算し，差引で完成品原価を計算します。

A製品－直接材料費（数量）

月初　　40個	完成　　250個
70,400円	427,000円
	差引
当月　　260個	月末　　50個
442,000円	85,400円
	@1,708円

@1,708円

A製品－加工費（換算量）

月初　　20個	完成　　250個
19,440円	261,000円
	差引
当月　　240個	月末　　10個
252,000円	10,440円
	@1,044円

@1,044円

月末仕掛品原価（直接材料費） 50個×@1,708円＝85,400円

月末仕掛品原価（加　工　費） 10個×@1,044円＝10,440円

完成品原価（直接材料費） 70,400円＋442,000円－85,400円＝427,000円

完成品原価（加　工　費） 19,440円＋252,000円－10,440円＝261,000円

B製品－直接材料費（数量）

月初　　50個	完成　　400個
82,600円	600,000円
	差引
当月　　380個	月末　　30個
562,400円	45,000円
	@1,500円

@1,500円

B製品－加工費（換算量）

月初　　20個	完成　　400個
16,380円	303,600円
	差引
当月　　400個	月末　　20個
302,400円	15,180円
	@759円

@759円

月末仕掛品原価（直接材料費） 30個×@1,500円＝45,000円

月末仕掛品原価（加　工　費） 20個×@759円　＝15,180円

完成品原価（直接材料費） 82,600円＋562,400円－45,000円＝600,000円

完成品原価（加　工　費） 16,380円＋302,400円－15,180円＝303,600円

次の資料にもとづいて，各製品の当月加工費配賦額，月末仕掛品原価，完成品総合原価を計算しなさい。なお，月末仕掛品の評価方法は先入先出法による。また，加工費の組別配賦は機械作業時間を基準としている。

1　生産データ

	A製品	B製品
月初仕掛品	20個（1/2）	35個（4/7）
当月投入	210個	160個
合　計	230個	195個
月末仕掛品	25個（3/5）	30個（1/2）
完成品	205個	165個

仕掛品の（　）内は加工進捗度を示す。材料は工程の始点で投入する。

2　原価データ

	A製品	B製品
月初仕掛品原価		
直接材料費	180,200円	460,200円
加工費	243,800円	432,750円
当月製造費用		
直接材料費	1,806,000円	2,073,600円
加工費	8,820,000円	

3　当月の実際機械作業時間は，A製品960時間およびB製品640時間であった。

加工費配賦額

A　製　品 [　　　　　　　] 円　　B　製　品 [　　　　　　　] 円

月末仕掛品原価

A　製　品 [　　　　　　　] 円　　B　製　品 [　　　　　　　] 円

完成品総合原価

A　製　品 [　　　　　　　] 円　　B　製　品 [　　　　　　　] 円

CHAPTER

10

総合原価計算Ⅱ

4 等級別総合原価計算

合格のコツ 等価係数の使い方を押さえよう！

① 等級別総合原価計算とは

服を作る場合，同じ種類の服でもSサイズ，Mサイズ，Lサイズと異なるサイズを作る場合があります。このように種類が同じでも大きさや重さなどが異なる製品を「等級製品」といい，<u>同一の工程で2つ以上の等級製品が完成する場合</u>に等級別総合原価計算を適用します。

等級製品

Lサイズ　　　Mサイズ　　　Sサイズ

等級別総合原価計算では，等級製品ごとの完成品原価を計算しなければなりません。等級製品は，大きさなどが異なる同種製品であるため，大きさと原価発生の関係性を調べて，<u>等級製品の原価負担比率である等価係数を算定し，これを用いて等級製品ごとの完成品原価を計算</u>します。

たとえば，Lサイズの服は生地を多く使うため，Sサイズの2倍の原価がかかる場合，等価係数は「Sサイズ1：Lサイズ2」となります。

POINT！
等価係数を用いて組別総合原価計算よりも簡便的に原価を計算するのが，等級別総合原価計算の特徴です。

② 等級別総合原価計算で計算してみよう

それでは，実際に計算を確認してみましょう。

1　生産データ　　　　　　　　2　原価データ

月初仕掛品	50個（1/2）
当月投入	260個
合計	310個
月末仕掛品	60個（1/3）
完成品	250個

月初仕掛品原価

直接材料費	29,700円
加工費	27,600円

当月製造費用

直接材料費	162,500円
加工費	257,250円

　　仕掛品の（　）内は加工進捗度を示す。なお，材料は工程の始点で投入する。また，月末仕掛品の評価は平均法による。

3　完成品250個の内訳は，等級製品Ｘが165個，等級製品Ｙが85個である。

	等級製品Ｘ	等級製品Ｙ
等価係数	1	2

手順❶ まずは完成品原価の総額（製品Ｘと製品Ｙの合計）を計算します。手順は単純総合原価計算と同様です。

直接材料費（数量）

月初 50個 29,700円	完成 250個 155,000円
	差引
当月 260個 162,500円	月末 60個 37,200円 @620円

@620円

加工費（換算量）

月初 25個 27,600円	完成 250個 263,750円
	差引
当月 245個 257,250円	月末 20個 21,100円 @1,055円

@1,055円

完成品原価　155,000円＋263,750円＝418,750円

手順❷ 完成品数量に等価係数を乗じて積数を計算します。

	完成品数量	×	等価係数	=	積数
製品Ｘ	165個	×	1	=	165
製品Ｙ	85個	×	2	=	170
合計	250個				335

手順❸ 積数の比で完成品原価を配分します。

	積数	完成品原価	
製品Ｘ	165	206,250円	×165
製品Ｙ	170	212,500円	
合計	335	418,750円	×170

$$\frac{418,750円}{335} \times \begin{cases} 165＝206,250円（製品Ｘ） \\ 170＝212,500円（製品Ｙ） \end{cases}$$

@1,250円

CHAPTER
10

総合原価計算Ⅱ

用語チェック　✔**積数**……乗算の結果（積）のこと

完成品原価を完成品数量で除して完成品単位原価を計算します。

製品X $\dfrac{206,250円}{165個} = @1,250円$　　　　製品Y $\dfrac{212,500円}{85個} = @2,500円$

等価係数のとおり，完成品の単位原価は１：２の比率となりました。

POINT！

① 単純総合原価計算と同様に完成品原価を計算
② 完成品数量に等価係数を乗じて積数を計算
③ 積数の比で完成品原価を等級製品に配分

練習問題 10 ― 3
解答 p.228

　次の総合原価計算表にもとづいて，各等級製品の完成品総合原価および完成品単位原価を計算し，仕掛品勘定を完成しなさい。

総合原価計算表　　　　　　　（単位：円）

摘　要	直接材料費	加工費	合計
月初仕掛品	282,000円	280,500円	562,500円
当月投入	1,293,000円	2,134,500円	3,427,500円
合　計	1,575,000円	2,415,000円	3,990,000円
月末仕掛品	252,000円	210,000円	462,000円
完　成　品	1,323,000円	2,205,000円	3,528,000円

1　完成品数量　　　　　　　　2　等価係数

A製品	B製品
1,650個	1,500個

A製品	:	B製品
1	:	0.9

完成品総合原価

A　製　品 [　　　　　　　円]　　B　製　品 [　　　　　　　円]

完成品単位原価

A　製　品 [@　　　　　円]　　B　製　品 [@　　　　　円]

仕　掛　品

前　月　繰　越		A　製　品	
材　　　　　料		B　製　品	
加　工　費		次　月　繰　越	

11

標準原価計算

このチャプターでは, 標準原価計算による仕掛品勘定の
記帳や, 原価差異の原因別分析を学習します。
検定試験でも重要なテーマなので,
しっかりマスターしましょう。

標準原価計算

① 標準原価計算

標準原価計算とは，製品原価の計算を実際に要した原価（実際原価）ではなく，**あらかじめ設定された標準原価によって計算する方法**をいいます。

標準原価は，たんなる見積りではなく，科学的・統計的な分析調査にもとづいて算定された原価です。

② 標準原価計算の目的

標準原価計算の目的には，あらかじめ定められた標準原価と実際原価を比較することにより，その差の原因を調査・改善し，製品をより安く効率的に製造するという**原価管理目的**と，標準原価により製品原価を計算することによって早く計算・記帳ができるという計算の**迅速化目的**があります。

> **NOTE !**
>
> 標準原価計算にも個別原価計算と総合原価計算があります。
> 検定試験の出題のほとんどが総合原価計算ですので，
> 標準総合原価計算について説明します。

③ 標準原価計算の手続き

標準原価計算は，次の手続きによって原価管理に有効な資料を提供します。

手順① 原価標準の設定

製品1単位当たりの目標となる標準原価（原価標準）を設定します。

手順② 標準原価の計算

当月の作業現場の生産活動の結果（生産実績）に対する当月の標準原価を計算します。

手順③ 実際原価の計算

当月の作業現場の生産実績から発生した当月の実際原価（当月製造費用）を集計します。

手順④ 原価差異の計算

当月の標準原価と当月の実際原価を比較することによって原価差異を計算します。

手順⑤ 原価差異の原因別分析

当月の原価差異は「どのような原因で発生したか」を原因別に分析します。

手順⑥ 原価報告

この一連の手続きで得た資料を経営管理者などに報告し，適切な措置を行うことになります。

> **NOTE！**
> 検定試験では「②標準原価の計算」，「④原価差異の計算」，
> 「⑤原価差異の原因別分析」が出題されます。
> この3つを中心に確認しましょう。

原価標準の設定

SECTION 2

合格のコツ 標準原価カードを理解しよう！

原価標準とは，製品1単位当たりの標準直接材料費，標準直接労務費，標準製造間接費の合計額として設定され，通常は次のような標準原価カードに記載されます。

標準原価カード

	標準消費量	標準価格	金　額
標準直接材料費	2kg	@50円	100円
	標準直接作業時間	標準賃率	
標準直接労務費	0.5時間	@300円	150円
	標準直接作業時間	標準配賦率	
標準製造間接費	0.5時間	@500円	250円
	製品1単位当たりの標準原価		500円

① **標準直接材料費**…製品1単位当たりの標準消費量に標準価格を乗じて計算します。

② **標準直接労務費**…製品1単位当たりの標準直接作業時間に標準賃率を乗じて計算します。

③ **標準製造間接費**…製品1単位当たりの標準操業度（標準直接作業時間など）に標準配賦率を乗じて計算します。標準配賦率は次の算式で計算されます。

$$標準配賦率 = \frac{製造間接費予算額}{基準操業度}$$

標準原価カードには，製品1単位を無駄なく効率的に製造した場合に必要な材料消費量や直接作業時間が記載されています。したがって，製品1単位当たりの標準原価は，製品1単位を製造するのにかかる原価の目標金額を意味します。

SECTION 3 標準原価の計算

合格のコツ 数量や換算量を加味した金額の計算を押さえよう！

① 完成品原価の計算

標準原価計算では，完成品原価は標準原価により計算します。

完成品原価＝完成品数量×製品1単位当たりの標準原価

標準原価カード
製品1単位当たりの標準原価　　××円

② 仕掛品原価の計算

月末仕掛品原価も完成品原価と同様に標準原価により計算します。

なお，標準原価カードには，加工が終了した完成品1単位当たりの標準原価が記載されています。そのため，月末仕掛品原価の計算では，直接材料費と，加工費に相当する直接労務費と製造間接費は，分けて計算する必要があります。

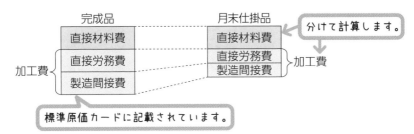

具体的には，始点投入の直接材料費は月末仕掛品数量に製品1単位当たりの標準直接材料費を乗じて計算します。直接労務費と製造間接費は月末仕掛品数量に加工進捗度を考慮した月末仕掛品換算量に製品1単位当たりの標準

直接労務費と標準製造間接費を乗じて計算します。

▶**月末仕掛品原価**

標準直接材料費	=	仕 掛 品 数 量	×	製品1単位当たりの標準直接材料費
標準直接労務費	=	仕掛品換算量	×	製品1単位当たりの標準直接労務費
標準製造間接費	=	仕掛品換算量	×	製品1単位当たりの標準製造間接費

標準原価カード	
標準直接材料費	××円
標準直接労務費	××円
標準製造間接費	××円

　月末仕掛品原価は，翌月の月初仕掛品原価となるので，月初仕掛品原価も標準原価で計算します。それでは次の資料にもとづいて，標準原価計算による完成品原価，月末仕掛品原価，月初仕掛品原価を計算しましょう。

資　料

1　生産データ

月初仕掛　　800個　（50%）
当 月 投 入　7,200個
　合　計　　8,000個
月末仕掛品　1,000個　（80%）
完 成 品　　7,000個

材料は工程の始点で投入され，仕掛品の（　）内は加工進捗度を示す。

2　標準原価カード

標準原価カード			
	標準消費量	標準価格	金　額
標準直接材料費	2kg	@50円	100円
	標準直接作業時間	標準賃率	
標準直接労務費	0.5時間	@300円	150円
	標準直接作業時間	標準配賦率	
標準製造間接費	0.5時間	@500円	250円
	製品1個当たりの標準原価		500円

手順❶ 生産データをまとめます。

月末仕掛品や月初仕掛品を計算するために，勘定形式で数量と換算量をまとめます。生産データの左側はインプット（投入），右側はアウトプット（産出）を表します。

	生　産　デ　ー　タ			（単位：個）
	数　量	換算量	数　量	換算量
月初	800 ——	400	完成　7,000 ——	7,000
当月	7,200 ——	7,400	月末　1,000 ——	800

生産データの換算量は次のように計算します。

月初仕掛品換算量　800個×0.5（50%）＝400個

月末仕掛品換算量　1,000個×0.8（80%）＝800個

当月加工換算量　7,000個＋800個−400個＝7,400個

手順❷ 完成品原価を計算します。

完成品原価は完成品数量に製品1個当たりの標準原価を乗じて計算します。

完成品原価　7,000個×500円＝3,500,000円

なお，完成品原価の内訳は，次のようになります。

標準直接材料費	7,000個×100円＝	700,000円
標準直接労務費	7,000個×150円＝	1,050,000円
標準製造間接費	7,000個×250円＝	1,750,000円
合　計	7,000個×500円＝	3,500,000円

手順❸ 月末仕掛品原価を計算します。

月末仕掛品原価を計算するにあたり，直接材料費は月末仕掛品数量に製品1個当たりの標準直接材料費を乗じて計算します。

直接労務費と製造間接費は月末仕掛品換算量に製品1個当たりの標準直接労務費と標準製造間接費を乗じて計算します。

月末仕掛品原価

標準直接材料費	1,000個×100円＝	100,000円
標準直接労務費	800個×150円＝	120,000円
標準製造間接費	800個×250円＝	200,000円
合　計		420,000円

手順④ 月初仕掛品原価を計算します。

月初仕掛品原価は月末仕掛品原価の計算と同様に，直接材料費は月初仕掛品数量に製品1個当たりの標準直接材料費を乗じて計算します。

直接労務費と製造間接費は月初仕掛品換算量に製品1個当たりの標準直接労務費と標準製造間接費を乗じて計算します。

月初仕掛品原価

標準直接材料費	800個×100円＝	80,000円
標準直接労務費	400個×150円＝	60,000円
標準製造間接費	400個×250円＝	100,000円
合　計		240,000円

練習問題 11－1

解答 p.228

　次の資料にもとづき，完成品原価と月末仕掛品原価を計算しなさい。なお，当社は標準原価計算を採用している。

1　生産データ

月初仕掛品	500個	(60%)
当月投入	2,500個	
合　計	3,000個	
月末仕掛品	400個	(80%)
完成品	2,600個	

　材料は工程の始点で投入され，仕掛品の（　）内は加工進捗度を示す。

2　標準原価カード

	標準原価カード		
	標準消費量	標準価格	金　額
標準直接材料費	2kg	@160円	320円
	標準直接作業時間	標準賃率	
標準直接労務費	3時間	@400円	1,200円
	標準直接作業時間	標準配賦率	
標準製造間接費	3時間	@560円	1,680円
	製品1個当たりの標準原価		3,200円

完成品原価 ［　　　　　　　　円］　　月末仕掛品原価 ［　　　　　　　　円］

原価差異の計算

合格のコツ　標準原価と実際原価を比較して有利か不利かを押さえよう！

① 当月の生産実績に対する標準原価の計算

標準原価計算では原価差異が生じます。そこで，原価差異を把握するため，当月の生産実績に製品1単位当たりの標準原価を乗じて当月の標準原価を計算します。

月初仕掛品	完成品
当月の生産実績 ←	
	月末仕掛品

当月の生産実績は，始点投入の直接材料費は当月投入数量，直接労務費と製造間接費は当月投入換算量で表されます。

標準直接材料費 ＝ **当月投入数量** ×製品1単位当たりの標準直接材料費

標準直接労務費 ＝ **当月投入換算量** ×製品1単位当たりの標準直接労務費

標準製造間接費 ＝ **当月投入換算量** ×製品1単位当たりの標準製造間接費

生産データ　　　　　　　　　（単位：個）

	数　量	換算量		数　量	換算量
月初	—		完成	—	
当月			月末	—	

② 原価差異の計算

原価差異は，当月の生産実績に対する標準原価と当月の実際原価を比較することによって計算します。

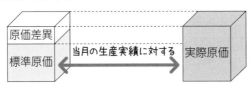

原価差異		実際原価
標準原価	当月の生産実績に対する ←→	

$$\text{直接材料費差異} = \text{標準直接材料費} - \text{実際直接材料費}$$

$$\text{直接労務費差異} = \text{標準直接労務費} - \text{実際直接労務費}$$

$$\text{製造間接費差異} = \text{標準製造間接費} - \text{実際製造間接費}$$

⬇

- ➖マイナスの場合　標準＜実際　→ 不利差異（借方差異）
- ➕プラスの場合　　標準＞実際　→ 有利差異（貸方差異）

　それでは，実際に計算を確認してみましょう。次の資料にもとづき，原価差異を計算します。

資料

1　生産データ

月初仕掛品	800個	（50％）
当月投入	7,200個	
合計	8,000個	
月末仕掛品	1,000個	（80％）
完成品	7,000個	

　材料は工程の始点で投入され，仕掛品の（　）内は加工進捗度を示す。

2　標準原価カード

標準原価カード			
	標準消費量	標準価格	金額
標準直接材料費	2kg	@50円	100円
	標準直接作業時間	標準賃率	
標準直接労務費	0.5時間	@300円	150円
	標準直接作業時間	標準配賦率	
標準製造間接費	0.5時間	@500円	250円
	製品1個当たりの標準原価		500円

3　当月の実際原価データ

直接材料費　　740,520円

直接労務費　1,100,000円

製造間接費　1,875,000円

手順① 生産データをまとめます。

当月投入数量と当月投入換算量を計算するために勘定形式で数量と換算量をまとめます。

	生　産　デ　ー　タ			（単位：個）
	数　量	換算量	数　量	換算量
月初	800 ——	400	完成 7,000 ——	7,000
当月	7,200 ——	7,400	月末 1,000 ——	800

生産データの換算量は次のように計算します。

月初仕掛品換算量　800個×0.5（50%）＝400個

月末仕掛品換算量　1,000個×0.8（80%）＝800個

当月加工換算量　7,000個＋800個－400個＝7,400個

手順② 当月の生産実績に対する標準原価を計算します。

直接材料費は当月投入数量に製品1個当たりの標準直接材料費を乗じて計算します。直接労務費と製造間接費は当月投入換算量に製品1個当たりの標準直接労務費と標準製造間接費を乗じて計算します。

当月の生産実績に対する標準原価

標準直接材料費　7,200個×100円＝　720,000円

標準直接労務費　7,400個×150円＝1,110,000円

標準製造間接費　7,400個×250円＝1,850,000円

手順③ 原価差異を計算します。

原価差異は，当月の生産実績に対する標準原価と当月の実際原価を比較することによって計算します。

直接材料費差異　720,000円－　740,520円＝20,520円（不利差異）

直接労務費差異　1,110,000円－1,100,000円＝10,000円（有利差異）

製造間接費差異　1,850,000円－1,875,000円＝25,000円（不利差異）

> **POINT！**
>
> 原価差異を計算する際の標準原価は，当月の生産実績に対する標準原価です。標準原価による完成品原価ではありませんので，間違えないよう注意しましょう。

次の資料にもとづき，直接材料費差異，直接労務費差異および製造間接費差異を計算しなさい。

1 生産データ

月初仕掛品　　500個（60%）
当月投入　　2,500個
合　計　　3,000個
月末仕掛品　　400個（80%）
完成品　　2,600個

材料は工程の始点で投入され，仕掛品の（　）内は加工進捗度を示す。

2 標準原価カード

標準原価カード			
	標準消費量	標準価格	金　額
標準直接材料費	2kg	@160円	320円
	標準直接作業時間	標準賃率	
標準直接労務費	3時間	@400円	1,200円
	標準直接作業時間	標準配賦率	
標準製造間接費	3時間	@560円	1,680円
		製品1個当たりの標準原価	3,200円

3 当月の実際原価データ
直接材料費　　844,600円
直接労務費　3,175,800円
製造間接費　4,600,000円

直接材料費差異　［　　　　　　円　］（　　　　　　）

直接労務費差異　［　　　　　　円　］（　　　　　　）

製造間接費差異　［　　　　　　円　］（　　　　　　）

（　）内には有利差異または不利差異を記入しなさい。

SECTION 5　仕掛品勘定の記帳方法

合 格 の コ ツ　当月製造費用の記帳の違いを押さえよう！

　標準原価計算では，完成品原価，月末仕掛品原価，月初仕掛品原価は標準原価で仕掛品勘定に記帳します。当月製造費用（直接材料費，直接労務費，製造間接費）については，**実際原価で記帳する方法**（パーシャル・プラン）と**標準原価で記帳する方法**（シングル・プラン）があります。

① パーシャル・プラン

　パーシャル・プランとは，当月製造費用を実際原価で仕掛品勘定の借方に記帳する方法です。仕掛品勘定の借方に実際原価を記帳すると，仕掛品勘定で原価差異が把握されます。

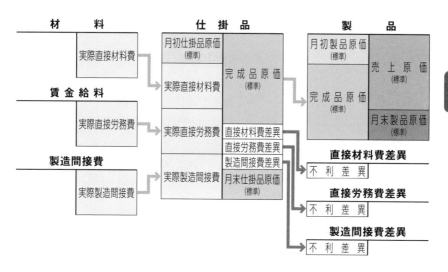

② シングル・プラン

　シングル・プランとは，当月製造費用を標準原価で仕掛品勘定の借方に記帳する方法です。仕掛品勘定の借方に標準原価を記帳すると，費目別の諸勘定で原価差異が把握されます。

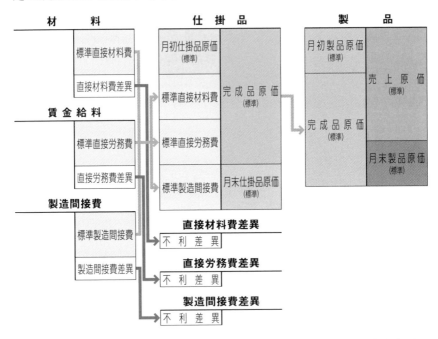

　パーシャル・プランとシングル・プランの違いを1つ端的に示すと次のようになります。

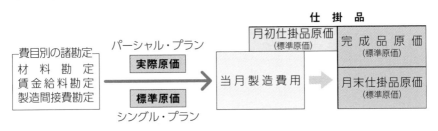

　それでは，次の資料にもとづき，パーシャル・プランとシングル・プランによって仕掛品勘定に記帳しましょう。

1　生産データ

月初仕掛品	800個	（50％）
当月投入	7,200個	
合　計	8,000個	
月末仕掛品	1,000個	（80％）
完成品	7,000個	

材料は工程の始点で投入され，仕掛品の（　）内は加工進捗度を示す。

2　標準原価カード

標準原価カード			
	標準消費量	標準価格	金　額
標準直接材料費	2kg	@50円	100円
	標準直接作業時間	標準賃率	
標準直接労務費	0.5時間	@300円	150円
	標準直接作業時間	標準配賦率	
標準製造間接費	0.5時間	@500円	250円
	製品1個当たりの標準原価		500円

3　当月の実際原価データ

直接材料費　　740,520円

直接労務費　1,100,000円

製造間接費　1,875,000円

4　原価差異データ

直接材料費差異　20,520円（不利差異）

直接労務費差異　10,000円（有利差異）

製造間接費差異　25,000円（不利差異）

手順❶　生産データをまとめます。

勘定形式で数量と換算量をまとめます。

生　産　デ　ー　タ				（単位：個）	
	数　量	換算量		数　量	換算量
月初	800 —	400	完成	7,000 —	7,000
当月	7,200 —	7,400	月末	1,000 —	800

生産データの換算量は次のように計算します。

月初仕掛品換算量　800個×0.5（50%）＝400個

月末仕掛品換算量　1,000個×0.8（80%）＝800個

当月加工換算量　7,000個＋800個－400個＝7,400個

手順② 完成品原価を計算します。

完成品原価　7,000個×500円＝3,500,000円

手順③ 月末仕掛品原価を計算します。

月末仕掛品原価

標準直接材料費	1,000個×100円＝	100,000円
標準直接労務費	800個×150円＝	120,000円
標準製造間接費	800個×250円＝	200,000円
合　計		420,000円

手順④ 月初仕掛品原価を計算します。

月初仕掛品原価

標準直接材料費	800個×100円＝	80,000円
標準直接労務費	400個×150円＝	60,000円
標準製造間接費	400個×250円＝	100,000円
合　計		240,000円

手順⑤ 勘定記入のために必要な仕訳を確認します。

> 2つの方法がある！

① 直接材料費としての消費

（仕　掛　品）×××　（材　　　料）××× ← **パーシャル** └→実際

② 直接労務費としての消費

（仕　掛　品）×××　（賃　金　給　料）××× ← **シングル** └→標準

③ 製造間接費の配賦

（仕　掛　品）×××　（製　造　間　接　費）×××

④ 完成品原価の製品勘定への振替

（製　　　品）×××　（仕　掛　品）××× ← 必ず標準

手順⑥ パーシャル・プランによって仕掛品勘定に記帳します。

　完成品原価，月末仕掛品原価，月初仕掛品原価は標準原価で仕掛品勘定に記帳します

　パーシャル・プランでは，当月製造費用（直接材料費，直接労務費，製造間接費）は実際原価を借方に記帳します（**手順⑤**①～③）。仕掛品勘定の借方に実際原価を記帳すると，仕掛品勘定で原価差異が把握されます。有利差異であれば仕掛品勘定の借方，不利差異であれば仕掛品勘定の貸方に記帳します。

	仕　掛　品		（単位：円）	
標 前月繰越	240,000	製　　品	3,500,000	**標** 手順②より
実 材　料	740,520	原価差異	35,520	差引
賃金給料	1,100,000	次月繰越	420,000	**標** 手順③より
製造間接費	1,875,000			
	3,955,520		3,955,520	

（手順4より **標** 前月繰越 / 資料3より **実** 材料・賃金給料・製造間接費）

手順⑦ シングル・プランによって仕掛品勘定に記帳します。

　完成品原価，月末仕掛品原価，月初仕掛品原価は標準原価で仕掛品勘定に記帳します。

　シングル・プランでは，当月製造費用（直接材料費，直接労務費，製造間接費）は標準原価を借方に記帳します（**手順⑤**①～③）。仕掛品勘定の借方に標準原価を記帳すると，仕掛品勘定はすべて標準原価で記帳されるため，仕掛品勘定では原価差異が把握されません。

当月の生産実績に対する標準原価

標準直接材料費　7,200個×100円＝　720,000円

標準直接労務費　7,400個×150円＝1,110,000円

標準製造間接費　7,400個×250円＝1,850,000円

	仕　掛　品		（単位：円）
前月繰越	240,000	製　　品	3,500,000
材　料	720,000	次月繰越	420,000
賃金給料	1,110,000		
製造間接費	1,850,000		
	3,920,000		3,920,000

次の資料にもとづき，(1)パーシャル・プラン，(2)シングル・プランによって仕掛品勘定に記帳しなさい。

1　生産データ

月初仕掛品　　900個（1／3）
当月投入　8,600個
　合　計　9,500個
月末仕掛品　1,500個（1／5）
完　成　品　8,000個

材料は工程の始点で投入され，仕掛品の（　）内は加工進捗度を示す。

2　標準原価カード　　　　　　　　　　3　当月実際原価データ

標準直接材料費　　　　　　250円　　　　直接材料費　2,125,000円
標準直接労務費　　　　　　200円　　　　直接労務費　1,590,000円
標準製造間接費　　　　　　500円　　　　製造間接費　4,065,000円
　製品1個当たりの標準原価　950円

(1)　パーシャル・プラン

	仕　掛　品	（単位：円）
前 月 繰 越 （　　　）	製　　　　　品 （　　　）
材　　　　料 （　　　）	原 価 差 異 （　　　）
賃 金 給 料 （　　　）	次 月 繰 越 （　　　）
製 造 間 接 費 （　　　）	
（　　　）	（　　　）

(2)　シングル・プラン

	仕　掛　品	（単位：円）
前 月 繰 越 （　　　）	製　　　　　品 （　　　）
材　　　　料 （　　　）	次 月 繰 越 （　　　）
賃 金 給 料 （　　　）	
製 造 間 接 費 （　　　）	
（　　　）	（　　　）

SECTION 6 原価差異の原因別分析

合格のコツ 各種差異の計算をマスターしよう！

① 直接材料費差異の原因別分析

標準直接材料費と実際直接材料費を比較して把握された直接材料費差異は，さらに原因別に**価格差異**と**数量差異**に分析されます。

直接材料費差異＝価格差異＋数量差異

価格差異は，材料の標準価格と実際価格を比較して把握され，**管理不能な企業外部の要因によって発生することが多い差異**です。

数量差異は，材料の標準消費量と実際消費量を比較して把握され，**管理可能な企業内部の要因によって発生することが多い差異**です。

価格差異 ＝実際消費量×（標準価格－実際価格）

数量差異 ＝（ 標準消費量 －実際消費量）×標準価格

↓　　　　　　　↓

当月投入数量×製品1単位当たりの標準消費量

●マイナスの場合 **標準＜実際** →不利差異 （借方差異）
●プラスの場合 **標準＞実際** →有利差異 （貸方差異）

CHAPTER
11

標準原価計算

▶直接材料費の差異分析図

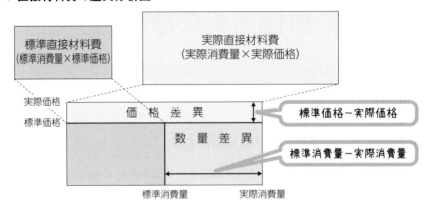

それでは，次の資料にもとづき，直接材料費の差異分析を行いましょう。

資　料

1　標準原価カード（直接材料費のみ）

標準原価カード			
	標準消費量	標準価格	金　額
標準直接材料費	2 kg	@50円	100円

2　当月の実際原価データ

実際消費量	実際価格	実際直接材料費
14,520kg	@ 51円	740,520円

3　生産データ

月初仕掛品　　800個　（50%）
当月投入　7,200個
　　合　計　8,000個
月末仕掛品　1,000個　（80%）
完成品　7,000個

材料は工程の始点で投入され，仕掛品の（　　）内は加工進捗度を示す。

手順❶ 生産データをまとめます。

勘定形式で数量と換算量をまとめます。

生　産　デ　ー　タ		（単位：個）
	数　量　　　換算量	数　量　　　換算量
月初	800　──　　400	完成　7,000　──　7,000
当月	7,200　──　7,400	月末　1,000　──　　800

生産データの換算量は次のように計算します。

月初仕掛品換算量　800個×0.5（50%）=400個

月末仕掛品換算量　1,000個×0.8（80%）=800個

当月加工換算量　7,000個＋800個−400個=7,400個

手順❷ 直接材料費差異を計算します。

標準直接材料費　7,200個×100円=720,000円

直接材料費差異　720,000円−740,520円=20,520円（不利差異）

手順❸ 価格差異と数量差異に分析します。

価格差異は，材料の標準価格と実際価格の差に実際消費量を乗じて計算します。数量差異は，材料の標準消費量と実際消費量の差に標準価格を乗じて計算します。

標準消費量　7,200個×2kg=14,400kg

価格差異　14,520kg×（@50円−@51円）　=　14,520円　（不利差異）

数量差異　（14,400kg−14,520kg）×@50円=　6,000円　（不利差異）

　合計（直接材料費差異）　　　　　　　　　　20,520円　（不利差異）

差異分析図は下記のようになります。

② 直接労務費差異の原因別分析

標準直接労務費と実際直接労務費を比較して把握された直接労務費差異は，さらに原因別に労働賃率差異と労働時間差異に分析されます。

$$直接労務費差異＝労働賃率差異＋労働時間差異$$

労働賃率差異は，直接工の標準賃率と実際賃率を比較して把握され，管理不能な企業外部の要因によって発生することが多い差異です。

労働時間差異は，標準直接作業時間と実際直接作業時間を比較して把握され，管理可能な企業内部の要因によって発生することが多い差異です。

労働賃率差異 ＝実際直接作業時間×（標準賃率－実際賃率）

労働時間差異 ＝（ 標準直接作業時間 －実際直接作業時間）×標準賃率

当月投入換算量×製品1単位当たりの標準直接作業時間

➖マイナスの場合 標準＜実際 →不利差異（借方差異）
➕プラスの場合 標準＞実際 →有利差異（貸方差異）

▶直接労務費の差異分析図

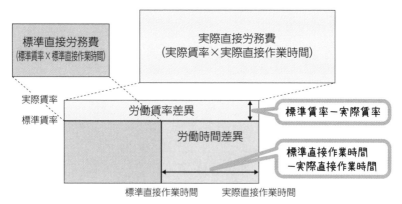

それでは，次の資料にもとづき，直接労務費の差異分析を行いましょう。

資料

1 標準原価カード（直接労務費のみ）

標準原価カード			
	標準直接作業時間	標準賃率	金　額
標準直接労務費	0.5時間	@300円	150円

2 当月の実際原価データ

実際直接作業時間	実際賃率	実際直接労務費
3,740時間	@303円	1,133,220円

3 生産データ

月初仕掛品　　800個　（50％）
当 月 投 入　7,200個
合　　計　　8,000個
月末仕掛品　1,000個　（80％）
完 成 品　　7,000個

材料は工程の始点で投入され，仕掛品の（　）内は加工進捗度を示す。

手順❶ 生産データをまとめます。

勘定形式で数量と換算量をまとめます。

生 産 デ ー タ						(単位：個)
	数　量		換算量		数　量	換算量
月初	800	——	400	完成	7,000 ——	7,000
当月	7,200	——	7,400	月末	1,000 ——	800

生産データの換算量は次のように計算します。

月初仕掛品換算量　　800個×0.5（50％）＝400個

月末仕掛品換算量　1,000個×0.8（80％）＝800個

当月加工換算量　7,000個＋800個－400個＝7,400個

手順❷ 直接労務費差異を計算します。

標準直接労務費　7,400個×150円＝1,110,000円

直接労務費差異　1,110,000円－1,133,220円＝23,220円（不利差異）

手順❸ 労働賃率差異と労働時間差異に分析します。

労働賃率差異は，直接工の標準賃率と実際賃率の差に実際直接作業時間を

乗じて計算します。労働時間差異は，標準直接作業時間と実際直接作業時間の差に標準賃率を乗じて計算します。

標準直接作業時間　7,400個×0.5時間＝3,700時間

労働賃率差異	3,740時間×（@300円－@303円）＝	11,220円 （不利差異）
労働時間差異	（3,700時間－3,740時間）×@300円＝	12,000円 （不利差異）
合計（直接労務費差異）		23,220円 （不利差異）

差異分析図は下記のようになります。

実際直接労務費　1,133,220円

実際賃率@303円	労働賃率差異 11,220円（不利）	
標準賃率@300円	標準直接労務費 1,110,000円	労働時間差異 12,000円 （不利）
	標準直接作業時間 3,700時間	実際直接作業時間 3,740時間

③ 公式法変動予算による製造間接費差異の原因別分析

標準製造間接費と実際製造間接費を比較して把握された製造間接費差異は，さらに原因別に予算差異と操業度差異と能率差異に分析されます。

製造間接費差異＝予算差異＋操業度差異＋能率差異

予算差異は，実際操業度の予算額と実際発生額を比較して把握され，**製造間接費を浪費したか節約したかを測定する差異**です。

操業度差異は，実際操業度と基準操業度を比較して把握され，**生産設備の利用状況の良否を測定する差異**です。

能率差異は，標準操業度と実際操業度を比較して把握され，**作業能率の良否を測定する差異**です。

$$予算差異 = \underline{\quad 実際操業度の予算額 \quad} - 実際発生額$$

実際操業度×変動費率+固定費予算額

$$操業度差異 = (実際操業度 - 基準操業度) \times \underline{固定費率}$$

$$\dfrac{固定費予算額}{基準操業度}$$

$$能率差異 = (標準操業度 - 実際操業度) \times \underline{標準配賦率}$$

変動費率+固定費率

➖ **マイナスの場合** → 不利差異（借方差異）
➕ **プ ラ ス の 場 合** → 有利差異（貸方差異）

製造間接費の差異分析図は下記のようになります。

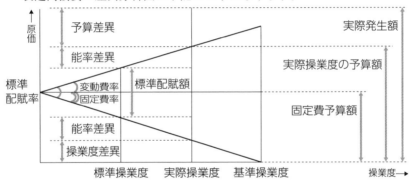

それでは，次の資料にもとづき，製造間接費の差異分析を行いましょう。

【資料】

1 標準原価カード（製造間接費のみ）

標準原価カード			
	標準直接作業時間	標準配賦率	金　額
標準製造間接費	0.5時間	@500円	250円

2 月間の公式法変動予算

変動費率　@200円　　　固定費予算額　1,140,000円

予定直接作業時間　3,800時間（基準操業度）

3 当月の実際原価データ

実際直接作業時間	製造間接費実際発生額
3,740時間	1,875,000円

4 生産データ

月初仕掛品 800個 （50%）
当 月 投 入 7,200個
合　　計 8,000個
月末仕掛品 1,000個 （80%）
完　成　品 7,000個

材料は工程の始点で投入され，仕掛品の（　）内は加工進捗度を示す。

手順❶ 生産データをまとめます。

勘定形式で数量と換算量をまとめます。

生　産　デ　ー　タ				（単位：個）
	数　量	換算量		数　量	換算量

	数　量	換算量		数　量	換算量
月初	800	──	400	完成	7,000	──	7,000
当月	7,200	──	7,400	月末	1,000	──	800

生産データの換算量は次のように計算します。

月初仕掛品換算量　800個×0.5 （50%）＝400個

月末仕掛品換算量　1,000個×0.8 （80%）＝800個

当月加工換算量　7,000個＋800個－400個＝7,400個

手順❷ 製造間接費差異を計算します。

標準製造間接費　7,400個×250円＝1,850,000円

製造間接費差異　1,850,000円－1,875,000円＝25,000円 （不利差異）

手順❸ 製造間接費を分析します。まずは予算差異から計算します。

予算差異は，実際操業度の予算額と実際発生額を比較して計算します。

実際操業度の予算額　3,740時間×@200円＋1,140,000円＝1,888,000円

予 算 差 異　1,888,000円－1,875,000円＝13,000円 （有利差異）

手順❹ 次に操業度差異を計算します。

操業度差異は，実際操業度と基準操業度の差に固定費率を乗じて計算します。

固定費率　$\dfrac{1{,}140{,}000円}{3{,}800時間}$＝@300円

操業度差異　（3,740時間－3,800時間）×@300円＝18,000円 （不利差異）

手順⑤ 最後に能率差異を計算します。

能率差異は，標準操業度と実際操業度の差に標準配賦率を乗じて計算します。

標準配賦率 @200円＋@300円＝@500円

標準直接作業時間（標準操業度） 7,400個×0.5時間＝3,700時間

能 率 差 異 （3,700時間－3,740時間）×@500円＝20,000円（不利差異）

 差異分析図

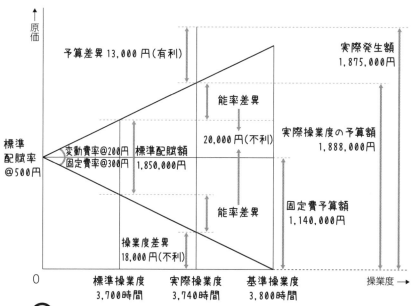

 contains labels:
原価, 予算差異 13,000円（有利）, 実際発生額 1,875,000円, 能率差異, 実際操業度の予算額 1,888,000円, 標準配賦率 @500円, 変動費率@200円 固定費率@300円, 標準配賦額 1,850,000円, 20,000円（不利）, 固定費予算額 1,140,000円, 能率差異, 操業度差異 18,000円（不利）, 標準操業度 3,700時間, 実際操業度 3,740時間, 基準操業度 3,800時間, 操業度

⚠️ **差異分析図記入上の注意**

差異分析図の基本的な描き方は，チャプター4のときと同様です。標準操業度は実際操業度の左側に描きます。そして，標準操業度と実際操業度を比較して把握する能率差異は，変動費部分と固定費部分に分かれて表されるので，合計して計算されます。

NOTE !

能率差異は，変動費率のみで計算することもあります。その場合，固定費部分の能率差異は操業度差異に含めることになります。能率差異を標準配賦率と変動費率のどちらを使用して計算するかは指示が与えられますので，見落とさないようにしましょう！

CHAPTER
11

標準原価計算

次の資料にもとづき，各問に答えなさい。

1　生産データ

月初仕掛品　　500個（60%）
当月投入　　2,500個
合　計　　3,000個
月末仕掛品　　400個（80%）
完成品　　2,600個

材料は工程の始点で投入され，仕掛品の（　）内は加工進捗度を示す。

2　標準原価カード

標準原価カード			
	標準消費量	標準価格	金　額
標準直接材料費	2 kg	@160円	320円
	標準直接作業時間	標準賃率	
標準直接労務費	3 時間	@400円	1,200円
	標準直接作業時間	標準配賦率	
標準製造間接費	3 時間	@560円	1,680円
		製品1個当たりの標準原価	3,200円

3　月次公式法変動予算
変動費率　@260円
固定費予算額　2,400,000円
基準操業度　8,000時間（直接作業時間）

4　実際原価データ
直接材料費　844,600円（実際消費量　5,150kg）
直接労務費　3,175,800円　（実際直接作業時間　7,900時間）
製造間接費　4,600,000円

問1 直接材料費差異を計算し，価格差異と数量差異に分析しなさい。

直接材料費差異 [   ] 円 （   ）

価格差異 [   ] 円 （   ）

数量差異 [   ] 円 （   ）

（　）内には有利差異または不利差異を記入しなさい。

問2 直接労務費差異を計算し，労働賃率差異と労働時間差異に分析しなさい。

直接労務費差異 [   ] 円 （   ）

労働賃率差異 [   ] 円 （   ）

労働時間差異 [   ] 円 （   ）

（　）内には有利差異または不利差異を記入しなさい。

問3 製造間接費差異を計算し，予算差異，操業度差異，能率差異に分析しなさい。なお，能率差異は標準配賦率で計算すること。

製造間接費差異 [   ] 円 （   ）

予算差異 [   ] 円 （   ）

操業度差異 [   ] 円 （   ）

能率差異 [   ] 円 （   ）

（　）内には有利差異または不利差異を記入しなさい。

スキマ時間で合格へ！

休みの日に勉強しよう！と思っても，実際は「なかなかまとまった勉強時間がとれない…」と，悩んでいる方もいるのではないでしょうか。

でも，1日の中にも，なんとなく過ごしている5分，10分があるハズ。この「スキマ時間」を有効に活用してみましょう！

❶ 繰り返しが必要！

記憶にとどめるためには，繰り返しが必要です。5分〜10分の「スキマ時間」は繰り返して読むにもピッタリ！「気づいたときにちょっと読む」を意識しましょう。

❷ いつでもどこでも勉強できる準備を！

通勤・通学時間のような決まった時間帯以外にも突然，スキマ時間が生まれることもあります。「ちょっと読もう」と思ったときに本がないと時間がムダに…。常に本書をカバンの中に入れておくなど，すぐに勉強できる準備をしておきましょう！

❸ 気軽に読もう！

小説を読むときは，何かを覚えようと身構えてなくても，案外，ストーリーや言葉などを覚えているものです。

同じように，勉強本も「気軽に読む」ことをオススメします。一つ一つをじっくり読んで覚えるのではなく，「大筋を理解，覚える」という意識です。読む気がしないところは飛ばしてもかまいません。

練習問題も「問題を読む」→「解答を見る」の繰り返しでOK！

直接原価計算

このチャプターでは,企業の利益計画に関する計算を学びます。
まずは利益計画用の損益計算書の形を覚えましょう。

短期利益計画

合格のコツ 短期利益計画用の損益計算書の形を押さえておこう！

　企業は次期を迎えるにあたり，**「来年これだけの利益を得るためには，製品をどれだけ製造して販売すればよいのか」** という計画を立てます。これを
たんきりえきけいかく
短期利益計画といいます。

　短期利益計画に必要な資料は，いままでの原価計算（全部原価計算といいます）からは入手できません。これは，原価の中には売上高の増減に対して比例的に発生する変動費もあれば，常に一定額発生する固定費もあるためです。

当期の損益計算書

売 上 高	100円
原　　価	85円
利　　益	15円

もし売上高が倍になったら…

売　上　高　200円 となるが，

原　　　価　170円 とはならず，

利　　　益　 30円 とはならない！

　そこで，原価を**変動費**と**固定費**に分け，売上高から変動費を差し引いて売上高に比例する利益（**貢献利益**といいます）を計算し，次いで固定費を差し引いて営業利益を算定することによって，短期利益計画に役立てる**損益計算書**（直接原価計算方式の損益計算書といいます）を作成します。

当期の損益計算書

売 上 高	100円
変 動 費	60円
貢献利益	40円
固 定 費	25円
営業利益	15円

もし売上高が倍になったら…

売　上　高　200円 となり，

変　動　費　120円 となり，

貢　献　利　益　80円 となる。

固　定　費　25円 のままであり，倍にならない。

営　業　利　益　55円 となることがわかる！

損益分岐分析

合 格 の コ ツ 　計算過程として短期利益計画用の損益計算書を作成しよう！

① 損益分岐分析

　経営管理者が短期利益計画を行うにあたり，原価と営業量と利益の関係を分析します。この分析を**損益分岐分析**といいます。

② 貢献利益率

　売上高に対する貢献利益の割合を**貢献利益率**といいます。

$$貢献利益率 = \frac{貢献利益}{売上高}$$

なお，貢献利益率は常に一定率となります。

当期の損益計算書		構成比
売 上 高	100円	100%
変 動 費	60円	60%
貢献利益	40円	40%
固 定 費	25円	
営業利益	15円	

貢献利益率
（率は常に一定）

CHAPTER
12

直接原価計算

③ 損益分岐点の売上高

　損益分岐点の売上高とは，営業利益がゼロとなる売上高であり，企業が最低限獲得しなければならない売上高です。売上高が損益分岐点の売上高を下回ってしまうと損失が生じることになります。これは，貢献利益が固定費と同額となるときの売上高として求められます。

解答手順は，以下のとおり営業利益をゼロとして，逆算で売上高を計算します。

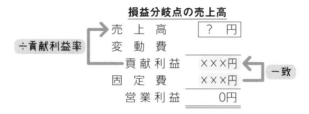

④ 希望する営業利益を獲得する売上高

希望する営業利益を獲得する売上高は，「**貢献利益＝固定費＋希望営業利益**」となる売上高です。

解答手順は，以下のとおり営業利益の希望額を記入して，逆算で売上高を計算します。

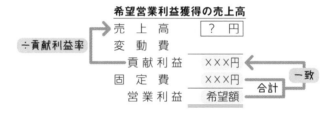

⑤ 安全余裕率と損益分岐点比率

安全余裕率（安全率）とは，**売上高と損益分岐点の売上高との差を比率で表したもの**をいいます。

$$安全余裕率 = \frac{売上高 - 損益分岐点の売上高}{売上高}$$

損益分岐点比率とは，**売上高に対する損益分岐点の売上高の割合**をいいます。

$$損益分岐点比率 = \frac{損益分岐点の売上高}{売上高}$$

なお，安全余裕率と損益分岐点比率を合計すると100%となります。

⑥ 損益分岐分析を行ってみよう

それでは，以下の具体例で「損益分岐分析」を行ってみましょう。

	損益計算書	
売 上 高	500個×@2,000円＝	1,000,000円
変 動 費	500個×@1,200円＝	600,000円
貢献利益	500個×@　800円＝	400,000円
固 定 費		300,000円
営業利益		100,000円

手順① 貢献利益率を計算します。

400,000円÷1,000,000円＝0.4（40%）

手順② 営業利益を0円として，損益分岐点を求めます。

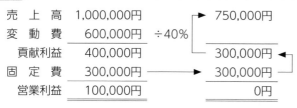

貢献利益が固定費と同額になるときに営業利益は0円となります。

損益分岐点の売上高　300,000円÷40%＝750,000円

損益分岐点の販売量　750,000円÷@2,000円＝375個

手順❸ 営業利益を180,000円として，希望営業利益を獲得する売上高と販売量を求めます。

貢献利益が固定費＋営業利益と同額になるときに希望営業利益は獲得できます。

希望営業利益を獲得する売上高　480,000円÷40％＝1,200,000円

希望営業利益を獲得する販売量　1,200,000円÷@2,000円＝600個

手順❹ 安全余裕率と損益分岐点比率を計算します。

安 全 余 裕 率　（1,000,000円－750,000円）÷1,000,000円＝0.25（25％）

損益分岐点比率　750,000円÷1,000,000円＝0.75（75％）

(1)　損益分岐点の売上高	750,000円
損益分岐点の販売量	375個
(2)　希望営業利益180,000円を獲得する売上高	1,200,000円
希望営業利益180,000円を獲得する販売量	600個
(3)　安全余裕率	25％
損益分岐点比率	75％

POINT !

$$\text{貢献利益}＝\text{売上高}×\text{貢献利益率} \longrightarrow \frac{\text{貢献利益}}{\text{貢献利益率}}＝\text{売上高}$$

貢献利益を貢献利益率で割ると売上高になる！

次に示す次期の予定損益計算書にもとづいて，各問に答えなさい。

予定損益計算書

売 上 高	20,000個×@50円＝	1,000,000円
変 動 費	20,000個×@20円＝	400,000円
貢献利益	20,000個×@30円＝	600,000円
固 定 費		450,000円
営業利益		150,000円

問1 損益分岐点の売上高および販売量を計算しなさい。

損益分岐点の売上高 　　　　　　　　円

損益分岐点の販売量 　　　　　　　　個

問2 希望営業利益210,000円を獲得する売上高および販売量を計算しなさい。

希望営業利益210,000円を獲得する売上高 　　　　　　円

希望営業利益210,000円を獲得する販売量 　　　　　　個

問3 安全余裕率および損益分岐点比率を計算しなさい。

安全余裕率 　　　　　　％

損益分岐点比率 　　　　　　％

CHAPTER
12

直接原価計算

原価の変動費と固定費への分解

SECTION 3

合 格 の コ ツ 原価を変動費と固定費に分解する手順を押さえよう！

① 変動費と固定費への分解

損益分岐分析を行うには，原価を変動費と固定費に分ける必要がありました。2級では，過去最高の営業量のデータと過去最低の営業量のデータを比較することで，原価を変動費と固定費に分けます。この方法を「高低点法（こうていてんぽう）」といいます。

なお，異常な営業量のデータは異常値と考えられるため，正常な範囲内のデータのみを使用します。営業量とは，売上高や生産・販売量，作業時間数などが該当します。

$$\text{変動費率}_{（単位当たりの変動費）} = \frac{\text{最高時の原価額} - \text{最低時の原価額}}{\text{最高時の営業量} - \text{最低時の営業量}}$$

$$\text{固定費} = \text{最高時の原価額} - \text{最高時の営業量} \times \text{変動費率}$$

② 原価を変動費と固定費に分解してみよう

それでは，以下の具体例で原価を変動費と固定費に分解してみましょう。

資料

	機械作業時間	製造原価
1月	560時間	458,000円
2月	480時間	448,000円
3月	600時間	460,800円
4月	720時間	472,000円
5月	360時間	432,000円
6月	640時間	463,200円

当社の正常操業圏は月間400機械作業時間から800機械作業時間である。

手順① 最高の営業量と最低の営業量のデータを探します。

最高の機械作業時間 → 4月の720時間（472,000円）

最低の機械作業時間 → 2月の480時間（448,000円）

※ 5月の360時間は，正常操業圏外の異常値であるため使用しません。

手順② 変動費率を計算します。

手順1より機械作業時間が240時間増加すると，製造原価が24,000円増加するため，機械作業時間に比例する変動費は1時間当たり100円となります。

変動費率 $\dfrac{472{,}000円 - 448{,}000円}{720時間 - 480時間} = @100円$

手順③ 製造原価から変動費を差し引いて月間固定費を計算します。

4月の製造原価 472,000円	固定費 **差引** 400,000円
	変動費 720時間×@100円 72,000円

月間固定費 472,000円 − 720時間×@100円 = 400,000円

機械作業1時間当たりの変動費	100円
月間固定費	400,000円

POINT！

「金額の差」と「時間の差」から変動費率を計算して，固定費は差引！

練習問題 12 − 2 ──────────────── 解答 p.233

最近半年間の実際製造原価にもとづき，高低点法による原価分解を行い，機械作業時間当たりの変動費率と月間固定費を計算しなさい。

	機械作業時間	製造原価
7月	440時間	265,000円
8月	420時間	243,000円
9月	520時間	291,000円
10月	500時間	276,500円
11月	610時間	337,800円
12月	590時間	311,000円

当社の正常操業圏は月間400機械作業時間から600機械作業時間である。

機械作業1時間当たりの変動費	円
月間固定費	円

SECTION 4 全部原価計算と 直接原価計算

合格のコツ 全部原価計算と直接原価計算の違いを押さえよう！

① 全部原価計算

　全部原価計算とは，すべての製造原価要素を製品原価とする原価計算をいいます。具体的には，**仕掛品勘定に直接材料費と加工費（変動加工費＋固定加工費）を集計します。**

▶ **全部原価計算の勘定体系図と損益計算書**

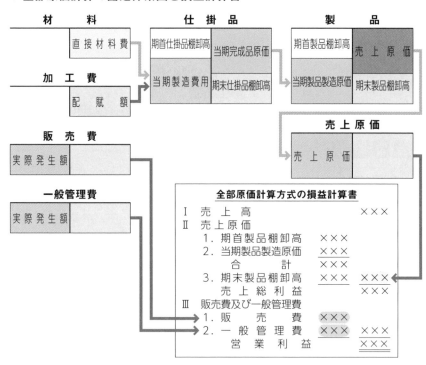

② 直接原価計算

　直接原価計算とは，製造原価要素を変動費と固定費に分類し，変動費のみを製造原価とする原価計算をいいます。具体的には，**仕掛品勘定に直接材料費と変動加工費**を集計します。

　なお，固定加工費は製品原価とはならず（仕掛品勘定に集計しません），期間原価（当期の費用）として損益計算書に計上されます。

▶ 直接原価計算の勘定体系図と損益計算書

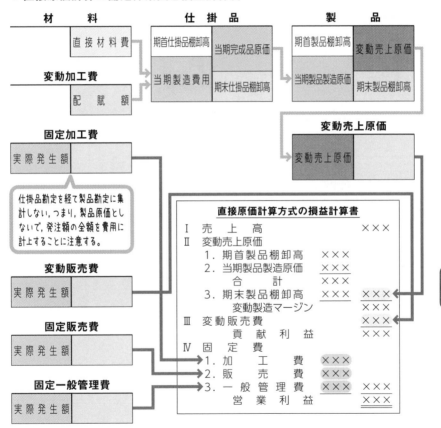

CHAPTER
12

直接原価計算

③ 全部原価計算と直接原価計算の損益計算書を作成してみよう

　それでは，以下の具体例で「全部原価計算と直接原価計算の損益計算書」を作成してみましょう。

資　料

(1)　製品の販売単価　@4,000円

(2)　製品単位当たり変動費

　　　直接材料費　@1,000円　　　変動加工費　@1,200円

　　　変動販売費　@300円

(3)　固定費

　　　固定加工費　400,000円　　　固定販売費・一般管理費　500,000円

(4)　加工費は生産量を基準として実際配賦する。

(5)　生産・販売量

期首製品在庫量	0個
当期製品生産量	1,000個
合　　　計	1,000個
期末製品在庫量	200個
当期製品販売量	800個

　　なお，期首および期末に仕掛品は存在しない。

手順①　売上高と販売費・一般管理費を計算します。

　売上高　800個×@4,000円　　＝　3,200,000円　**直接**

　販売費・一般管理費

　変動販売費　　800個×@300円＝　240,000円　**直接**

　固定販売費・一般管理費　　　　500,000円

　合計　　　　　　　　　　　　740,000円　**全部**

手順❷ **全部**の売上原価を計算します。期首の在庫がないため，当期の単価で計算します。

仕掛品

期首	0個	完成	1,000個
直材	0	直材	1,000,000
変加	0	変加	1,200,000
固加	0	固加	400,000
当期	1,000個	期末	0個
直材	1,000,000	直材	0
変加	1,200,000	変加	0
固加	400,000	固加	0

製品

期首	0個	販売	800個
直材	0	直材	800,000
変加	0	変加	960,000
固加	0	固加	320,000
完成	1,000個	期末	200個
直材	1,000,000	直材	200,000
変加	1,200,000	変加	240,000
固加	400,000	固加	80,000

※直接材料費@1,000円，変動加工費@1,200円，固定加工費400,000円÷1,000個＝@400円
販売量800個に対する原価が売上原価となります。

直接材料費	800個×@1,000円＝	800,000円
変動加工費	800個×@1,200円＝	960,000円
固定加工費	800個×@　400円＝	320,000円
合計		2,080,000円

全部原価計算では，固定加工費も含む全部の原価で売上原価を計算します。

手順❸ **全部**の損益計算書を完成させます。

売上総利益 3,200,000円 － 2,080,000円 ＝ 1,120,000円

営業利益 1,120,000円 － 740,000円 ＝ 380,000円

	全部原価計算方式の損益計算書
売 上 高	（　　　　　　3,200,000）
売 上 原 価	（　　　　　　2,080,000）
売上総利益	（　　　　　　1,120,000）
販売費・一般管理費	（　　　　　　　740,000）
営 業 利 益	（　　　　　　　380,000）

手順④ **直接** の変動売上原価を計算します。

全部 から固定加工費を取り除いて計算します。

<table>
<tr><td colspan="4" align="center">仕掛品</td></tr>
<tr><td>期首</td><td>0個</td><td>完成</td><td>1,000個</td></tr>
<tr><td>直材</td><td>0</td><td>直材</td><td>1,000,000</td></tr>
<tr><td>変加</td><td>0</td><td>変加</td><td>1,200,000</td></tr>
<tr><td>当期</td><td>1,000個</td><td>期末</td><td>0個</td></tr>
<tr><td>直材</td><td>1,000,000</td><td>直材</td><td>0</td></tr>
<tr><td>変加</td><td>1,200,000</td><td>変加</td><td>0</td></tr>
</table>

<table>
<tr><td colspan="4" align="center">製　品</td></tr>
<tr><td>期首</td><td>0個</td><td>販売</td><td>800個</td></tr>
<tr><td>直材</td><td>0</td><td>直材</td><td>800,000</td></tr>
<tr><td>変加</td><td>0</td><td>変加</td><td>960,000</td></tr>
<tr><td>完成</td><td>1,000個</td><td>期末</td><td>200個</td></tr>
<tr><td>直材</td><td>1,000,000</td><td>直材</td><td>200,000</td></tr>
<tr><td>変加</td><td>1,200,000</td><td>変加</td><td>240,000</td></tr>
</table>

※直接材料費@1,000円，変動加工費@1,200円

販売量800個に対する直接材料費と変動加工費が変動売上原価となります。

直接材料費　800個×@1,000円 ＝　　800,000円

変動加工費　800個×@1,200円 ＝　　960,000円

合計　　　　　　　　　　　1,760,000円

手順⑤ **直接** の固定費を計算します。

製造原価から除いた固定加工費と固定販売費・一般管理費を合計します。

固定費　400,000円＋500,000円＝900,000円

手順⑥ **直接** の損益計算書を完成させます。

変動製造マージン　3,200,000円－1,760,000円＝1,440,000円

貢献利益　1,440,000円－240,000円＝1,200,000円

営業利益　1,200,000円－900,000円＝300,000円

	直接原価計算方式の損益計算書
売　上　高	（　　　　　　　3,200,000）
変動売上原価	（　　　　　　　1,760,000）
変動製造マージン	（　　　　　　　1,440,000）
変動販売費	（　　　　　　　　240,000）
貢　献　利　益	（　　　　　　　1,200,000）
固　定　費	（　　　　　　　　900,000）
営　業　利　益	（　　　　　　　　300,000）

POINT！

全部 と **直接** の違いは固定加工費の取扱いにあります。

全部 … 売上原価とする。

直接 … 損益計算書に固定費として計上する。

次の資料にもとづき，全部原価計算と直接原価計算の損益計算書を作成しなさい。

(1) 製品の販売単価　@2,000円

(2) 製品単位当たり変動費
　　直接材料費　@480円　　変動加工費　@320円
　　変動販売費　@225円

(3) 固定費
　　固定加工費　280,000円　　固定販売費・一般管理費　140,000円

(4) 加工費は生産量を基準として実際配賦する。

(5) 生産・販売量

期首製品在庫量	0個
当期製品生産量	700個
合　　計	700個
期末製品在庫量	140個
当期製品販売量	560個

なお，期首および期末に仕掛品は存在しない。

全部原価計算方式の
損　益　計　算　書

売　上　高	（　　　　　　）
売 上 原 価	（　　　　　　）
売上総利益	（　　　　　　）
販売費・一般管理費	（　　　　　　）
営 業 利 益	（　　　　　　）

直接原価計算方式の
損　益　計　算　書

売　上　高	（　　　　　　）
変動売上原価	（　　　　　　）
変動製造マージン	（　　　　　　）
変動販売費	（　　　　　　）
貢 献 利 益	（　　　　　　）
固定費	（　　　　　　）
営 業 利 益	（　　　　　　）

CHAPTER
12

直接原価計算

練習問題の解答・解説

1-1

			販　売　費	
			（一般管理費）	
		（製造間接費）		（総原価）
	（直接材料費）		製　造　原　価	
	直接労務費	製造直接費		
	直　接　経　費			

2-1

	借　　方	金　　額	貸　　方	金　　額
①	材　　料	70,000	買　掛　金	70,000
②	仕　掛　品 製造間接費	45,000 21,000	材　　料	66,000
③	賃　金　給　料	122,000	預　り　金 現　　金	17,000 105,000
④	仕　掛　品 製造間接費	101,000 21,000	賃　金　給　料	122,000
⑤	経　　費	56,000	現　　金	56,000
⑥	仕　掛　品 製造間接費	21,000 35,000	経　　費	56,000
⑦	仕　掛　品	77,000	製造間接費	77,000
⑧	製　　品	140,000	仕　掛　品	140,000

材　料

買　掛　金	70,000	仕　掛　品	45,000
		製造間接費	21,000

賃金給料

預　り　金	17,000	仕　掛　品	101,000
現　　金	105,000	製造間接費	21,000

経　　費

現　　金	56,000	仕　掛　品	21,000
		製造間接費	35,000

製造間接費

材　　料	21,000	仕掛品	77,000
賃金給料	21,000		
経　　費	35,000		

仕　掛　品

材　　料	45,000	製　　品	140,000
賃金給料	101,000		
経　　費	21,000		
製造間接費	77,000		

製　　品

仕　掛　品	140,000		

2－2

	借　方	金　額	貸　方	金　額
①	仕　掛　品 製造間接費	50,000 20,000	材　　料	70,000
②	仕　掛　品 製造間接費	90,000 30,000	賃金給料	120,000
③	仕　掛　品 製造間接費	20,000 60,000	経　　費	80,000
④	仕　掛　品	110,000	製造間接費	110,000
⑤	製　　品	200,000	仕　掛　品	200,000

仕　掛　品

材　　料	50,000	製　　品	200,000
賃金給料	90,000	次月繰越	70,000
経　　費	20,000		
製造間接費	110,000		
	270,000		270,000
前月繰越	70,000		

製造間接費

材　　料	20,000	仕　掛　品	110,000
賃金給料	30,000		
経　　費	60,000		
	110,000		110,000

原価計算表　　　　　　　　（単位：円）

摘　要	製造指図書No.101	製造指図書No.102	合　　計
直接材料費	30,000	20,000	50,000
直接労務費	70,000	20,000	90,000
直接経費	20,000	－	20,000
製造間接費	80,000	30,000	110,000
合　計	200,000	70,000	270,000
備　考	完成	仕掛中	

3－1

	借　方	金　額	貸　方	金　額	
7/8	材　　料	256,000	買　掛　金	256,000	
15	仕　掛　品	172,000	材　　料	172,000	①
20	製造間接費	112,000	材　　料	112,000	②

材　　料

7/1	前月繰越	60,000	7/15	仕　掛　品	172,000
8	買　掛　金	256,000	20	製造間接費	112,000
			31	次月繰越	32,000
		316,000			316,000

解説

C　材　料

7/1 前月繰越高　200kg 60,000円 @300円	7/15 直接材料費　550kg
7/8 当月購入高　800kg 256,000円 @320円	7/20 間接材料費　350kg
	7/31 帳簿棚卸高　100kg

200kg×@300円＝　60,000円
350kg×@320円＝112,000円
　　　　　　　　172,000円 ①

350kg×@320円＝112,000円 ②

100kg×@320円＝　32,000円

3-2

借　　方	金　額	貸　　方	金　額	
6/3 材　　　　料	210,000	買　掛　金	210,000	
10 仕　掛　品	180,000	材　　　料	180,000	①
15 製 造 間 接 費	120,000	材　　　料	120,000	②
30 材料消費価格差異	8,000	材　　　料	8,000	③
〃 製 造 間 接 費	8,400	材　　　料	8,400	④

材　　料

6/1 前 月 繰 越	140,000	6/10 仕 掛 品	180,000
3 買 掛 金	210,000	15 製 造 間 接 費	120,000
		30 材料消費価格差異	8,000
		〃 製 造 間 接 費	8,400
		〃 次 月 繰 越	33,600
	350,000		350,000

解説

X　材　料

6/1 前月繰越高　350kg 140,000円 @400円	6/10 直接材料費　450kg 180,000円 @400円 ①
6/3 当月購入高　500kg 210,000円 @420円	6/15 間接材料費　300kg 120,000円 @400円 ②
	6/30 材料消費価格差異 8,000円 ③
	6/30 棚卸減耗損　20kg 8,400円 @420円 ④
	6/30 月末実地棚卸高80kg 33,600円 @420円

実際消費価格による材料費
350kg×@400円＝140,000円
400kg×@420円＝168,000円
　　　　　　　　308,000円

月末帳簿棚卸高　100kg
42,000円　　　@420円

3-3

	借　方	金　額	貸　方	金　額
7/1	未払賃金給料	190,000	賃 金 給 料	190,000
25	賃 金 給 料	2,000,000	預　り　金 現　　　金	225,000 1,775,000
31	仕　掛　品 製造間接費	1,050,000 150,000	賃 金 給 料	1,200,000
〃	製造間接費 賃 金 給 料	750,000 140,000	賃 金 給 料 未払賃金給料	750,000 140,000

賃 金 給 料

7/25	預　り　金	225,000	7/ 1	未払賃金給料	190,000
〃	現　　　金	1,775,000	31	仕　掛　品	1,050,000
31	未払賃金給料	140,000	〃	製造間接費	150,000
			〃	製造間接費	750,000
		2,140,000			2,140,000

解　説

直接工　直接労務費　875時間×@1,200円＝1,050,000円

間接労務費（100時間＋25時間）×@1,200円＝150,000円

間接工など

間接労務費（原価計算期間の要支払額）765,000円－60,000円＋45,000円＝750,000円

直　接　工		間　接　工　な　ど	
給与計算期間の支給総額 ❷ 1,235,000円	前月末未払額 ❶ 130,000円	給与計算期間の支給総額 ❷ 765,000円	前月末未払額 ❶ 60,000円
	原価計算期間の要支払額 ❷－❶＋❸ 1,200,000円		原価計算期間の要支払額 ❷－❶＋❸ 750,000円（間接労務費）
当月末未払額 ❸ 95,000円		当月末未払額 ❸ 45,000円	

3-4

	借　方	金　額	貸　方	金　額	
6/ 1	未払賃金給料	720,000	賃 金 給 料	720,000	
25	賃 金 給 料	3,200,000	預　り　金 現　　　金	240,000 2,960,000	
30	仕　掛　品 製造間接費	2,316,800 832,000	賃 金 給 料	3,148,800	① ②
〃	賃 金 給 料 賃 率 差 異	680,000 11,200	未払賃金給料 賃 金 給 料	680,000 11,200	③

賃 金 給 料

6/25	預　り　金	240,000	6/ 1	未払賃金給料	720,000
〃	現　　　金	2,960,000	30	仕　掛　品	2,316,800
30	未払賃金給料	680,000	〃	製造間接費	832,000
			〃	賃 率 差 異	11,200
		3,880,000			3,880,000

賃 率 差 異

6/30	賃 金 給 料	11,200	

直　接　工

給与計算期間の支給総額 3,200,000円	前月末未払額 720,000円
	直接労務費 1,810時間×@1,280円 ① ＝2,316,800円
	間接労務費 650時間×@1,280円 ② ＝ 832,000円
当月末未払額 680,000円	賃率差異 ③ 11,200円

原価計算期間の要支払額
3,200,000円－720,000円
＋680,000円＝3,160,000円

3 － 5

問1

外 注 加 工 賃	180,000円	保　険　料	24,000円
減 価 償 却 費	100,000円	電　力　料	36,000円
事務用消耗品費	20,800円		

問2

	借　　方	金　額	貸　　方	金　額
①	仕　掛　品	180,000	買　掛　金	180,000
②	製 造 間 接 費	42,600	事務用消耗品費	42,600
③	製 造 間 接 費	128,000	減価償却累計額	128,000

問1

外 注 加 工 賃

当月支払額 190,000円	前月末未払額 30,000円
当月末未払額 20,000円	当月消費額 180,000円

事務用消耗品費

月初棚卸高 6,400円	当月消費高 20,800円
当月購入高 23,200円	月末棚卸高 8,800円

減価償却費　1,200,000円÷12ヵ月＝100,000円

電力料　当月測定額を消費額とします。

問2

事務用消耗品費

月初棚卸高 16,000円	当月消費高 42,600円
当月購入高 40,000円	月末棚卸高 13,400円

減価償却費　1,536,000円÷12ヵ月＝128,000円

4-1

	指図書No. 1	指図書No. 2	指図書No. 3
直接労務費基準	780,800円	695,400円	536,800円
機械作業時間基準	945,500円	762,500円	305,000円
生 産 量 基 準	1,207,800円	503,250円	301,950円

借　　方	金　　額	貸　　方	金　　額
仕　掛　品	2,013,000	製造間接費	2,013,000

解説

直接労務費基準

実際配賦率　$\dfrac{2,013,000円}{3,300,000円}=0.61$ （61%）

実際配賦額　指図書No. 1　1,280,000円×61%＝780,800円

指図書No. 2　1,140,000円×61%＝695,400円

指図書No. 3　　880,000円×61%＝536,800円

機械作業時間基準

実際配賦率　$\dfrac{2,013,000円}{6,600時間}=$ ＠305円

実際配賦額　指図書No. 1　3,100時間×＠305円＝945,500円

指図書No. 2　2,500時間×＠305円＝762,500円

指図書No. 3　1,000時間×＠305円＝305,000円

生　産　量　基　準

実際配賦率　$\dfrac{2,013,000円}{1,000個}=$ ＠2,013円

実際配賦額　指図書No. 1　600個×＠2,013円＝1,207,800円

指図書No. 2　250個×＠2,013円＝　503,250円

指図書No. 3　150個×＠2,013円＝　301,950円

4-2

予定配賦率	＠　　　　300円

	指図書No.1	指図書No.2	指図書No.3
予定配賦額	930,000円	750,000円	300,000円

製造間接費予定配賦	借　　方	金　　額	貸　　方	金　　額
	仕　　掛　　品	1,980,000	製造間接費	1,980,000

製造間接費配賦差異	借　　方	金　　額	貸　　方	金　　額
	製造間接費配賦差異	33,000	製造間接費	33,000

解説

予定配賦率　2,010,000円÷6,700時間＝　　＠300円

予定配賦額

＠300円×$\begin{cases} 3,100時間= & 930,000円 & （指図書No.1） \\ 2,500時間= & 750,000円 & （指図書No.2） \\ 1,000時間= & 300,000円 & （指図書No.3） \end{cases}$

1,980,000円

製造間接費配賦差異　1,980,000円－2,013,000円＝33,000円（借方差異）

4-3

製造間接費配賦差異	29,600円	（借方差異）
予　算　差　異	2,400円	（貸方差異）
操　業　度　差　異	32,000円	（借方差異）

解説

予定配賦率　2,400,000円÷3,000時間＝@800円

予定配賦額　@800円×2,960時間＝2,368,000円

製造間接費配賦差異　2,368,000円－2,397,600円＝29,600円（借方差異）

実際操業度の予算額　2,400,000円

予算差異　2,400,000円－2,397,600円＝2,400円（貸方差異）

操業度差異　@800円×(2,960時間－3,000時間)＝32,000円（借方差異）

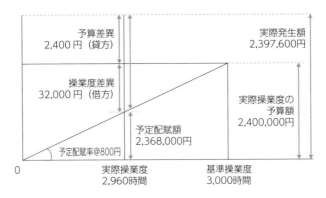

4-4

製造間接費配賦差異	29,600円	（借方差異）
予　算　差　異	11,600円	（借方差異）
操　業　度　差　異	18,000円	（借方差異）

解説

固定費率　1,350,000円÷3,000時間＝@450円

予定配賦率　@350円＋@450円＝@800円

予定配賦額　@800円×2,960時間＝2,368,000円

製造間接費配賦差異　2,368,000円－2,397,600円＝29,600円（借方差異）

実際操業度の予算額　@350円×2,960時間＋1,350,000円＝2,386,000円

予算差異　2,386,000円－2,397,600円＝11,600円（借方差異）

操業度差異　@450円×(2,960時間－3,000時間)＝18,000円（借方差異）

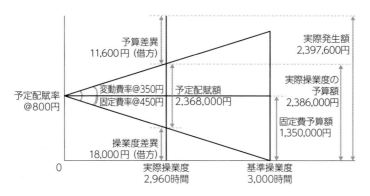

実際発生額
2,397,600円

予算差異
11,600円（借方）

変動費率@350円
固定費率@450円

予定配賦率
@800円

予定配賦額
2,368,000円

実際操業度の
予算額
2,386,000円

固定費予算額
1,350,000円

操業度差異
18,000円（借方）

0　　　　　　　実際操業度　　　　基準操業度
　　　　　　　　2,960時間　　　　3,000時間

5－1

実際部門費集計表　　　　　　　　　　（単位：円）

費　　目	金　　額	製　造　部　門		補　助　部　門	
		第1製造部門	第2製造部門	A補助部門	B補助部門
部門個別費					
間接材料費	100,800	53,200	33,400	6,200	8,000
間接労務費	196,000	84,000	56,000	28,000	28,000
部門共通費					
建物減価償却費	300,000	150,000	75,000	45,000	30,000
電　力　料	240,000	144,000	57,600	24,000	14,400
雑務工賃金	67,200	28,800	19,200	9,600	9,600
部門費合計	904,000	460,000	241,200	112,800	90,000

借　　方	金　　額	貸　　方	金　　額
第1製造部門費	460,000	製造間接費	904,000
第2製造部門費	241,200		
A補助部門費	112,800		
B補助部門費	90,000		

解説

建物減価償却費の配賦

$$\frac{300,000円}{400m^2+200m^2+120m^2+80m^2}(@375円)\times\begin{cases}400m^2=150,000円（第1製造部門）\\200m^2=\ 75,000円（第2製造部門）\\120m^2=\ 45,000円（A補助部門）\\80m^2=\ 30,000円（B補助部門）\end{cases}$$

電力料の配賦

$$\frac{240,000円}{480kWh+192kWh+80kWh+48kWh}(@300円)\times\begin{cases}480kWh=144,000円（第1製造部門）\\192kWh=\ 57,600円（第2製造部門）\\80kWh=\ 24,000円（A補助部門）\\48kWh=\ 14,400円（B補助部門）\end{cases}$$

雑務工賃金の配賦

$$\frac{67,200円}{30人+20人+10人+10人} \ (@960円) \times \begin{cases} 30人=28,800円 & （第1製造部門） \\ 20人=19,200円 & （第2製造部門） \\ 10人=\ 9,600円 & （A補助部門） \\ 10人=\ 9,600円 & （B補助部門） \end{cases}$$

5-2

実際部門別配賦表　　　　　　　　　　　　　（単位：円）

費　目	金　額	製　造　部　門		補　助　部　門	
		第1製造部門	第2製造部門	動　力　部	修　繕　部
部門費合計	1,061,200	400,000	340,000	211,200	110,000
動力部費	211,200	105,600	105,600		
修繕部費	110,000	82,500	27,500		
製造部門費	1,061,200	588,100	473,100		

借　　方	金　額	貸　　方	金　額
第1製造部費	188,100	動　力　部　費	211,200
第2製造部費	133,100	修　繕　部　費	110,000

解説

動力部費の配賦

$$\frac{211,200円}{1,500kWh+1,500kWh} \ (@70.4円) \times \begin{cases} 1,500kWh=105,600円 & （第1製造部門） \\ 1,500kWh=105,600円 & （第2製造部門） \end{cases}$$

修繕部への動力供給量200kWhは計算上無視して製造部門のみに配賦します。

修繕部費の配賦

$$\frac{110,000円}{60時間+20時間} \ (@1,375円) \times \begin{cases} 60時間=82,500円 & （第1製造部門） \\ 20時間=27,500円 & （第2製造部門） \end{cases}$$

動力部への修繕時間20時間は計算上無視して製造部門のみに配賦します。

5-3

① 製造部門別の予定配賦の仕訳

借　　方	金　額	貸　　方	金　額
仕　掛　品	516,200	切　削　部　費	285,200
		組　立　部　費	231,000

② 第1次集計の仕訳

借　　方	金　額	貸　　方	金　額
切　削　部　費	186,500	製　造　間　接　費	520,500
組　立　部　費	173,000		
動　力　部　費	107,000		
修　繕　部　費	54,000		

③ 第2次集計の仕訳

借　　方	金　額	貸　　方	金　額
切　削　部　費	98,000	動　力　部　費	107,000
組　立　部　費	63,000	修　繕　部　費	54,000

④ 製造部門費配賦差異の仕訳

借　　方	金　額	貸　　方	金　額
切　削　部　費	700	製造部門費配賦差異	700
製造部門費配賦差異	5,000	組　立　部　費	5,000

切 削 部 費

製 造 間 接 費	186,500	仕　　掛　　品	285,200
動　力　部　費	66,000		
修　繕　部　費	32,000		
製造部門費配賦差異	700		
	285,200		285,200

組 立 部 費

製 造 間 接 費	173,000	仕　　掛　　品	231,000
動　力　部　費	41,000	製造部門費配賦差異	5,000
修　繕　部　費	22,000		
	236,000		236,000

動 力 部 費

製 造 間 接 費	107,000	切　削　部　費	66,000
		組　立　部　費	41,000
	107,000		107,000

修 繕 部 費

製 造 間 接 費	54,000	切　削　部　費	32,000
		組　立　部　費	22,000
	54,000		54,000

製造部門費配賦差異

組　立　部　費	5,000	切　削　部　費	700

解　説

製造部門別の予定配賦額

切削部	指図書No.1	@620円×240時間＝	148,800円
	指図書No.2	@620円×220時間＝	136,400円
			285,200円
組立部	指図書No.1	@420円×290時間＝	121,800円
	指図書No.2	@420円×260時間＝	109,200円
			231,000円

製造部門費配賦差異

切削部　285,200円－284,500円＝　700円（貸方差異）

組立部　231,000円－236,000円＝5,000円（借方差異）

6-1

原価計算表 （単位：円）

摘　要	製造指図書No.103	補修指図書No.103-1	合　計
直接材料費	140,000	16,800	156,800
直接労務費	60,000	7,200	67,200
製造間接費	90,000	13,500	103,500
合　計	290,000	37,500	327,500
仕損費	（　　　37,500）	（　△37,500）	（　　　－　　　）
合　計	（　327,500）	（　　　0）	327,500）
備　考	完成	No.103へ振替	

仕　掛　品

材　　　　料	156,800	製　　　品	327,500
賃　金　給　料	67,200		
製　造　間　接　費	103,500		
	327,500		327,500

7-1

問1

製造原価報告書 （単位：円）

Ⅰ　直　接　材　料　費		（　796,000）
Ⅱ　直　接　労　務　費		（　141,000）
Ⅲ　製　造　間　接　費		
間　接　材　料　費	（　120,000）	
間　接　労　務　費	（　160,000）	
間　接　経　費	（　230,000）	
合　　　計	（　510,000）	
製　造　間　接　費　差　異	（　　10,000）	（　500,000）
当　期　総　製　造　費　用		（1,437,000）
期　首　仕　掛　品　棚　卸　高		（　213,000）
合　　　計		（1,650,000）
期　末　仕　掛　品　棚　卸　高		（　271,000）
当　期　製　品　製　造　原　価		（1,379,000）

↑製造間接費　　　↑仕掛品勘定
勘定の金額　　　の金額

問2

製造原価報告書 （単位：円）

Ⅰ　材　料　費		（　916,000）
Ⅱ　労　務　費		（　301,000）
Ⅲ　経　費		（　230,000）
製　造　間　接　費　差　異		（　　10,000）
当　期　総　製　造　費　用		（1,437,000）
期　首　仕　掛　品　棚　卸　高		（　213,000）
合　　　計		（1,650,000）
期　末　仕　掛　品　棚　卸　高		（　271,000）
当　期　製　品　製　造　原　価		（1,379,000）

解 説

	仕掛品勘定		製造間接費勘定		製造原価報告書
材 料 費	796,000円	＋	120,000円	＝	916,000円
労 務 費	141,000円	＋	160,000円	＝	301,000円
経 費	－		230,000円	＝	230,000円
					1,447,000円

当期総製造費用（仕掛品勘定借方より）

796,000円＋141,000円＋500,000円＝1,437,000円

製造間接費差異　1,437,000円－1,447,000円＝10,000円（借方差異）

8-1

	借　方	金　額	貸　方	金　額
①	材　　料	180,000	本　　社	180,000
②	仕 掛 品 製造間接費	108,000 36,000	材　　料	144,000
③	賃 金 給 料	360,000	本　　社	360,000
④	仕 掛 品 製造間接費	270,000 90,000	賃 金 給 料	360,000
⑤	仕 掛 品	540,000	製造間接費	540,000
⑥	製　　品	720,000	仕 掛 品	720,000
⑦	本　　社	450,000	製　　品	450,000
⑧	仕訳不要			

9-1

	月末仕掛品原価		完成品総合原価
直 接 材 料 費	70,000円	直 接 材 料 費	280,000円
加 工 費	85,000円	加 工 費	680,000円
合 計	155,000円	合 計	960,000円
		完成品単位原価	480円

仕 掛 品

前 月 繰 越	103,500	製 品	960,000
材 料	306,000	次 月 繰 越	155,000
加 工 費	705,500		
	1,115,000		1,115,000

解 説

直接材料費（数量）

月初 250個 44,000円	完成 2,000個 280,000円
	差引
当月 2,250個 306,000円	月末 500個 70,000円 @140円

@140円

加工費（換算量）

月初 125個 59,500円	完成 2,000個 680,000円
	差引
当月 2,125個 705,500円	月末 250個 85,000円 @340円

@340円

月末仕掛品の換算量　500個×1／2＝250個

解答・解説

221

月初仕掛品の換算量　250個×1／2＝125個

当月投入の換算量　2,000個＋250個－125個＝2,125個

平均単価

直接材料費　$\dfrac{44,000円＋306,000円}{250個＋2,250個}＝@140円$　　　加工費　$\dfrac{59,500円＋705,500円}{125個＋2,125個}＝@340円$

月末仕掛品原価（直接材料費）　500個×@140円＝70,000円

月末仕掛品原価（加　工　費）　250個×@340円＝85,000円

完成品原価（直接材料費）　44,000円＋306,000円－70,000円＝280,000円

完成品原価（加　工　費）　59,500円＋705,500円－85,000円＝680,000円

完成品単位原価　$\dfrac{280,000円＋680,000円}{2,000個}＝@480円$

9－2

	月末仕掛品原価		完成品総合原価
直 接 材 料 費	68,000円	直 接 材 料 費	282,000円
加 　 工 　 費	83,000円	加 　 工 　 費	682,000円
合 　 　 　 計	151,000円	合 　 　 　 計	964,000円
		完成品単位原価	482円

原価計算表　　　　　　　　　　　（単位：円）

摘　　要	直接材料費	加　工　費	合　　　計
月初仕掛品	44,000	59,500	103,500
当 月 投 入	306,000	705,500	1,011,500
合　　計	350,000	765,000	1,115,000
月末仕掛品	68,000	83,000	151,000
完　成　品	282,000	682,000	964,000

解説

直接材料費（数量）				
月初	250個	完成	2,000個	
	44,000円		282,000円	
			差引	
当月	2,250個	月末	500個	
	306,000円		68,000円	
	@136円		@136円	

加工費（換算量）				
月初	125個	完成	2,000個	
	59,500円		682,000円	
			差引	
当月	2,125個	月末	250個	
	705,500円		83,000円	
	@332円		@332円	

月末仕掛品の換算量　500個×1／2＝250個

月初仕掛品の換算量　250個×1／2＝125個

当月投入の換算量　2,000個＋250個－125個＝2,125個

当月単価

直接材料費　$\dfrac{306,000円}{2,250個}＝@136円$　　　加工費　$\dfrac{705,500円}{2,125個}＝@332円$

月末仕掛品原価（直接材料費）　500個×@136円＝68,000円

月末仕掛品原価（加　工　費）　250個×@332円＝83,000円

完成品原価（直接材料費）　44,000円＋306,000円－68,000円＝282,000円

完成品原価（加　工　費）　59,500円＋705,500円－83,000円＝682,000円

完成品単位原価　$\dfrac{282,000円＋682,000円}{2,000個}＝@482円$

9-3

	月末仕掛品原価		完成品総合原価
A 材 料 費	0円	A 材 料 費	929,000円
B 材 料 費	39,600円	B 材 料 費	496,200円
合　　　計	39,600円	合　　　計	1,425,200円

仕　掛　品

月 初 有 高	163,800	完 成 品 原 価	1,425,200
A 材 料 費	806,000	月 末 有 高	39,600
B 材 料 費	495,000		
	1,464,800		1,464,800

解説

50％投入

A材料費（数量）

月初　　　　200個	完成　　　1,500個
(60%) 123,000円	
→50%より大	
当月　　　1,300個	月末　　　　0個
差引	(40%)
806,000円	→50%より小

平均的投入

B材料費（換算量）

月初　　　　120個	完成　　　1,500個
40,800円	
当月　　　1,500個	月末　　　　120個
差引	
495,000円	

　月末仕掛品は40％しか加工が進んでいないので，A材料が投入されていません。月初仕掛品は60％まで加工が進んでいるので，A材料が投入されています。よって，A材料費の計算上は月末仕掛品を無視します。

　月末仕掛品の換算量　300個×40％＝120個

　月初仕掛品の換算量　200個×60％＝120個

　当月投入の換算量　1,500個＋120個－120個＝1,500個

A材料費（数量）

月初　　　200個	完成　　　1,500個
123,000円	929,000円
	差引
当月　　1,300個	月末　　　0個
806,000円	0円

B材料費（換算量）

月初　　　120個	完成　　　1,500個
40,800円	496,200円
	差引
当月　　1,500個	月末　　　120個
495,000円	39,600円
@330円	@330円

B材料費の当月単価　495,000円÷1,500個＝@330円

月末仕掛品原価（B材料費）　120個×@330円＝39,600円

完成品原価（A材料費）　123,000円＋806,000円＝929,000円

完成品原価（B材料費）　40,800円＋495,000円－39,600円＝496,200円

	月末仕掛品原価		完成品総合原価
直 接 材 料 費	156,600円	直 接 材 料 費	2,270,700円
加 工 費	75,600円	加 工 費	2,192,400円
合 計	232,200円	合 計	4,463,100円
		完成品単位原価	3,306円

仕 掛 品

前 月 繰 越	475,300	製 品	4,463,100
材 料	2,106,000	次 月 繰 越	232,200
加 工 費	2,114,000		
	4,695,300		4,695,300

解 説

直接材料費（数量）

月初	200kg	完成	1,350kg
	321,300円		2,270,700円
		差引	
当月	1,350kg	減損 100kg	
	2,106,000円	月末	100kg
			156,600円
			@1,566円

@1,566円

加工費（換算量）

月初	100kg	完成	1,350kg
	154,000円		2,192,400円
		差引	
当月	1,400kg	減損 100kg	
	2,114,000円	月末	50kg
			75,600円
			@1,512円

@1,512円

月末仕掛品の換算量　100kg×1／2＝50kg

正常減損の換算量　100kg×100%（終点）＝100kg

月初仕掛品の換算量　200kg×1／2＝100kg

当月投入の換算量　1,350kg＋100kg＋50kg−100kg＝1,400kg

平均単価

直接材料費 $\dfrac{321,300円＋2,106,000円}{200kg＋1,350kg}$＝@1,566円

加工費 $\dfrac{154,000円＋2,114,000円}{100kg＋1,400kg}$＝@1,512円

月末仕掛品原価（直接材料費）　100kg×@1,566円＝156,600円

月末仕掛品原価（加 工 費）　50kg×@1,512円＝75,600円

完成品原価（直接材料費）321,300円＋2,106,000円−156,600円＝2,270,700円

完成品原価（加 工 費）154,000円＋2,114,000円−75,600円＝2,192,400円

完成品単位原価 $\dfrac{2,270,700円＋2,192,400円}{1,350kg}$＝@3,306円

	月末仕掛品原価		完成品総合原価
直 接 材 料 費	167,400円	直 接 材 料 費	2,259,900円
加 工 費	81,000円	加 工 費	2,187,000円
合 計	248,400円	合 計	4,446,900円
		完成品単位原価	3,294円

仕 掛 品

前 月 繰 越	475,300	製 品	4,446,900
材 料	2,106,000	次 月 繰 越	248,400
加 工 費	2,114,000		
	4,695,300		4,695,300

解 説

直接材料費（数量）

月初	200kg	完成	1,350kg
	321,300円		2,259,900円
			差引
当月	1,250kg	月末	100kg
	2,106,000円		167,400円
			@1,674円

@1,674円

加工費（換算量）

月初	100kg	完成	1,350kg
	154,000円		2,187,000円
			差引
当月	1,300kg	月末	50kg
	2,114,000円		81,000円
			@1,620円

@1,620円

月末仕掛品の換算量　100kg×1/2＝50kg

月初仕掛品の換算量　200kg×1/2＝100kg

平均単価

直接材料費　$\dfrac{321,300円＋2,106,000円}{200kg＋1,250kg}＝@1,674円$

加工費　$\dfrac{154,000円＋2,114,000円}{100kg＋1,300kg}＝@1,620円$

月末仕掛品原価（直接材料費）　100kg×@1,674円＝167,400円

月末仕掛品原価（加 工 費）　50kg×@1,620円＝81,000円

完成品原価（直接材料費）321,300円＋2,106,000円－167,400円＝2,259,900円

完成品原価（加 工 費）154,000円＋2,114,000円－81,000円＝2,187,000円

完成品単位原価　$\dfrac{2,259,900円＋2,187,000円}{1,350kg}＝@3,294円$

10－1

工程別総合原価計算表　　　　　　　　　　（単位：円）

	第1工程			第2工程		
	直接材料費	加 工 費	合　計	前工程費	加 工 費	合　計
月初仕掛品原価	63,600	23,800	87,400	89,200	39,000	128,200
当月製造費用	374,400	564,800	939,200	910,000	582,800	1,492,800
合　計	438,000	588,600	1,026,600	999,200	621,800	1,621,000
月末仕掛品原価	73,000	43,600	116,600	182,000	62,000	244,000
完成品総合原価	365,000	545,000	910,000	817,200	559,800	1,377,000
完成品単位原価	@1,460	@2,180	@3,640	@3,632	@2,488	@6,120

第1工程仕掛品

前 月 繰 越	87,400	第2工程仕掛品	910,000
材 料	374,400	次 月 繰 越	116,600
加 工 費	564,800		
	1,026,600		1,026,600

第2工程仕掛品

前 月 繰 越	128,200	製　　　　品	1,377,000
第 1 工 程 仕 掛 品	910,000	次 月 繰 越	244,000
加　　工　　費	582,800		
	1,621,000		1,621,000

解説

【第1工程の計算（平均法）】

直接材料費（数量）　　　　　　　　　　　加工費（換算量）

月初	40個	完成	250個
	63,600円		365,000円
			差引
当月	260個	月末	50個
	374,400円		73,000円
			@1,460円

@1,460円

月初	10個	完成	250個
	23,800円		545,000円
			差引
当月	260個	月末	20個
	564,800円		43,600円
			@2,180円

@2,180円

平均単価

直接材料費 $\dfrac{63,600円＋374,400円}{40個＋260個}＝@1,460円$ 　加工費 $\dfrac{23,800円＋564,800円}{10個＋260個}＝@2,180円$

月末仕掛品原価（直接材料費）50個×@1,460円＝　73,000円
月末仕掛品原価（加　工　費）20個×@2,180円＝　43,600円
　合　計　　　　　　　　　　　　　　　　　116,600円
完成品原価（直接材料費）63,600円＋374,400円－73,000円＝　365,000円
完成品原価（加　工　費）23,800円＋564,800円－43,600円＝　545,000円
　合計（当月の前工程費）　　　　　　　　　　910,000円

【第2工程の計算（先入先出法）】

前工程費（数量）　　　　　　　　　　　加工費（換算量）

月初	25個	完成	225個
	89,200円		817,200円
			差引
当月	250個	月末	50個
	910,000円		182,000円
	@3,640円		@3,640円

月初	15個	完成	225個
	39,000円		559,800円
			差引
当月	235個	月末	25個
	582,800円		62,000円
	@2,480円		@2,480円

月末仕掛品原価（前工程費）50個×@3,640円＝182,000円
月末仕掛品原価（加　工　費）25個×@2,480円＝　62,000円
　合　計　　　　　　　　　　　　　　　244,000円
完成品原価（前工程費）89,200円＋910,000円－182,000円＝　817,200円
完成品原価（加　工　費）39,000円＋582,800円－　62,000円＝　559,800円
　合　計　　　　　　　　　　　　　　1,377,000円

10-2

加工費配賦額

A 製 品 　5,292,000円　　　B 製 品 　3,528,000円

月末仕掛品原価

A 製 品 　593,000円　　　B 製 品 　719,550円

完成品総合原価

A 製 品 　6,929,000円　　　B 製 品 　5,775,000円

解説

加工費の配賦 $\dfrac{8,820,000円}{960時間+640時間} \times \begin{cases} 960時間=5,292,000円（A製品）\\ 640時間=3,528,000円（B製品）\end{cases}$

A製品－直接材料費（数量）

月初	20個	完成	205個
	180,200円		1,771,200円
			差引
当月	210個	月末	25個
	1,806,000円		215,000円
	@8,600円		@8,600円

A製品－加工費（換算量）

月初	10個	完成	205個
	243,800円		5,157,800円
			差引
当月	210個	月末	15個
	5,292,000円		378,000円
	@25,200円		@25,200円

月末仕掛品原価（直接材料費）　25個×@8,600円＝　215,000円
月末仕掛品原価（加 工 費）　15個×@25,200円＝　378,000円
合　計　593,000円

完成品原価（直接材料費）　180,200円＋1,806,000円－215,000円＝　1,771,200円
完成品原価（加 工 費）　243,800円＋5,292,000円－378,000円＝　5,157,800円
合　計　6,929,000円

B製品－直接材料費（数量）

月初	35個	完成	165個
	460,200円		2,145,000円
			差引
当月	160個	月末	30個
	2,073,600円		388,800円
	@12,960円		@12,960円

B製品－加工費（換算量）

月初	20個	完成	165個
	432,750円		3,630,000円
			差引
当月	160個	月末	15個
	3,528,000円		330,750円
	@22,050円		@22,050円

月末仕掛品原価（直接材料費）　30個×@12,960円＝　388,800円
月末仕掛品原価（加 工 費）　15個×@22,050円＝　330,750円
719,550円

完成品原価（直接材料費）　460,200円＋2,073,600円－388,800円＝　2,145,000円
完成品原価（加 工 費）　432,750円＋3,528,000円－330,750円＝　3,630,000円
合　計　5,775,000円

完成品総合原価

A 製 品 1,940,400円　　B 製 品 1,587,600円

完成品単位原価

A 製 品 @ 1,176円　　B 製 品 @ 1,058.4円

仕 掛 品

前 月 繰 越	562,500	A 製 品	1,940,400
材 料	1,293,000	B 製 品	1,587,600
加 工 費	2,134,500	次 月 繰 越	462,000
	3,990,000		3,990,000

解説

完成品総合原価の配分

	完成品数量	×	等価係数	=	積数	完成品総合原価
A製品	1,650個	×	1	=	1,650	1,940,400円
B製品	1,500個	×	0.9	=	1,350	1,587,600円
合計	3,150個				3,000	3,528,000円

$$\frac{3,528,000円}{3,000} \times \begin{cases} 1,650 = 1,940,400円 & (A製品) \\ 1,350 = 1,587,600円 & (B製品) \end{cases}$$

完成品単位原価

A製品　1,940,400円÷1,650個＝@1,176円

B製品　1,587,600円÷1,500個＝@1,058.4円

完 成 品 原 価 8,320,000円　　月末仕掛品原価 1,049,600円

解説

生 産 デ ー タ （単位：個）

	数量		換算量		数量		換算量
月初	500	−	300	完成	2,600	−	2,600
当月	2,500	−	2,620	月末	400	−	320

月初仕掛品換算量　500個×60％＝300個

月末仕掛品換算量　400個×80％＝320個

当月加工換算量　2,600個＋320個−300個＝2,620個

完成品原価　2,600個×3,200円＝8,320,000円

月末仕掛品原価

標準直接材料費	400個×320円＝	128,000円
標準直接労務費	320個×1,200円＝	384,000円
標準製造間接費	320個×1,680円＝	537,600円
合 計		1,049,600円

11−2

直接材料費差異	44,600 円	（不利差異）
直接労務費差異	31,800 円	（不利差異）
製造間接費差異	198,400 円	（不利差異）

解説

生産データ （単位：個）

	数量	換算量		数量	換算量
月初	500	− 300	完成	2,600	− 2,600
当月	2,500	− 2,620	月末	400	− 320

月初仕掛品換算量　500個×60％＝300個

月末仕掛品換算量　400個×80％＝320個

当月加工換算量　2,600個＋320個−300個＝2,620個

当月の生産実績に対する標準原価

標準直接材料費　2,500個×　320円＝　800,000円

標準直接労務費　2,620個×1,200円＝3,144,000円

標準製造間接費　2,620個×1,680円＝4,401,600円

原価差異

直接材料費差異　　800,000円−　844,600円＝　44,600円（不利差異）

直接労務費差異　3,144,000円−3,175,800円＝　31,800円（不利差異）

製造間接費差異　4,401,600円−4,600,000円＝198,400円（不利差異）

11−3

(1) パーシャル・プラン

仕　掛　品 （単位：円）

前 月 繰 越	（ 435,000）	製　　　　　品	（ 7,600,000）
材　　　　料	（ 2,125,000）	原 価 差 異	（ 30,000）
賃 金 給 料	（ 1,590,000）	次 月 繰 越	（ 585,000）
製 造 間 接 費	（ 4,065,000）		
	（ 8,215,000）		（ 8,215,000）

(2) シングル・プラン

仕　掛　品 （単位：円）

前 月 繰 越	（ 435,000）	製　　　　　品	（ 7,600,000）
材　　　　料	（ 2,150,000）	次 月 繰 越	（ 585,000）
賃 金 給 料	（ 1,600,000）		
製 造 間 接 費	（ 4,000,000）		
	（ 8,185,000）		（ 8,185,000）

解説

生産データ （単位：個）

	数量	換算量		数量	換算量
月初	900	− 300	完成	8,000	− 8,000
当月	8,600	− 8,000	月末	1,500	− 300

月初仕掛品換算量　900個×1／3＝300個

月末仕掛品換算量　1,500個×1／5＝300個

当月加工換算量　8,000個＋300個－300個＝8,000個
完成品原価　8,000個×950円＝7,600,000円
月初仕掛品原価

標準直接材料費	900個×250円＝	225,000円
標準直接労務費	300個×200円＝	60,000円
標準製造間接費	300個×500円＝	150,000円
合　計		435,000円

月末仕掛品原価

標準直接材料費	1,500個×250円＝	375,000円
標準直接労務費	300個×200円＝	60,000円
標準製造間接費	300個×500円＝	150,000円
合　計		585,000円

当月の生産実績に対する標準原価

標準直接材料費　8,600個×250円＝2,150,000円
標準直接労務費　8,000個×200円＝1,600,000円
標準製造間接費　8,000個×500円＝4,000,000円

原価差異

直接材料費差異　2,150,000円－2,125,000円＝25,000円（有利差異）
直接労務費差異　1,600,000円－1,590,000円＝10,000円（有利差異）
製造間接費差異　4,000,000円－4,065,000円＝65,000円（不利差異）

11－4

問1

直接材料費差異	44,600 円	（不利差異）
価　格　差　異	20,600 円	（不利差異）
数　量　差　異	24,000 円	（不利差異）

問2

直接労務費差異	31,800 円	（不利差異）
労　働　賃　率　差　異	15,800 円	（不利差異）
労　働　時　間　差　異	16,000 円	（不利差異）

問3

製造間接費差異	198,400 円	（不利差異）
予　算　差　異	146,000 円	（不利差異）
操　業　度　差　異	30,000 円	（不利差異）
能　率　差　異	22,400 円	（不利差異）

解説

生産データ						（単位：個）
	数量		換算量		数量	換算量
月初	500	－	300	完成	2,600　－	2,600
当月	2,500	－	2,620	月末	400　－	320

月初仕掛品換算量　500個×60％＝300個
月末仕掛品換算量　400個×80％＝320個

230

当月加工換算量　2,600個＋320個－300個＝2,620個

標準直接材料費　2,500個×320円＝800,000円

直接材料費差異　800,000円－844,600円＝44,600円（不利差異）

実際価格　844,600円÷5,150kg＝@164円

標準消費量　2,500個×2kg＝5,000kg

価格差異　5,150kg×（@160円－@164円）＝　20,600円　（不利差異）

数量差異　（5,000kg－5,150kg）×@160円　＝　24,000円　（不利差異）

　合計（直接材料費差異）　　　　　　　　　44,600円　（不利差異）

差異分析図は下記のようになります。

実際直接材料費　844,600円

実際価格@164円

価格差異 20,600円（不利）	
標準直接材料費 800,000円	数量差異 24,000円（不利）

標準価格@160円

標準消費量　5,000kg　　実際消費量　5,150kg

標準直接労務費　2,620個×1,200円＝3,144,000円

直接労務費差異　3,144,000円－3,175,800円＝31,800円（不利差異）

実際賃率　3,175,800円÷7,900時間＝@402円

標準直接作業時間　2,620個×3時間＝7,860時間

労働賃率差異　7,900時間×（@400円－@402円）＝　15,800円　（不利差異）

労働時間差異　（7,860時間－7,900時間）×@400円＝　16,000円　（不利差異）

　合計（直接労務費差異）　　　　　　　　　31,800円　（不利差異）

差異分析図は下記のようになります。

実際直接労務費　3,175,800円

実際賃率@402円

労働賃率差異 15,800円（不利）	
標準直接労務費 3,144,000円	労働時間差異 16,000円（不利）

標準賃率@400円

標準直接作業時間　7,860時間　　実際直接作業時間　7,900時間

標準製造間接費　2,620個×1,680円＝4,401,600円

製造間接費差異　4,401,600円－4,600,000円＝198,400円（不利差異）

実際操業度の予算額　7,900時間×@260円＋2,400,000円＝4,454,000円

予算差異　4,454,000円－4,600,000円＝146,000円（不利差異）

固定費率　$\frac{2,400,000円}{8,000時間}$＝@300円

操業度差異　（7,900時間－8,000時間）×@300円＝30,000円（不利差異）

標準配賦率　@260円＋@300円＝@560円

標準直接作業時間（標準操業度）　2,620個×3時間＝7,860時間

能率差異　（7,860時間－7,900時間）×@560円＝22,400円（不利差異）

差異分析図は下記のようになります。

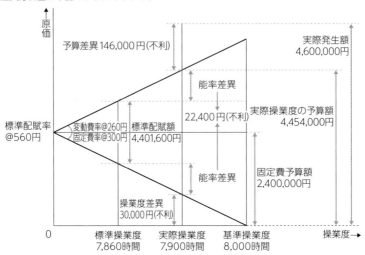

問1　損益分岐点の売上高　　750,000円

　　　損益分岐点の販売量　　15,000個

問2　希望営業利益210,000円を獲得する売上高　　1,100,000円

　　　希望営業利益210,000円を獲得する販売量　　22,000個

問3　安全余裕率　　25%

　　　損益分岐点比率　　75%

解　説

貢献利益率　600,000円÷1,000,000円＝0.6（60%）

損益分岐点

売　上　高	1,000,000円		750,000円
変　動　費	400,000円	÷60%	
貢献利益	600,000円		450,000円
固　定　費	450,000円		450,000円
営業利益	150,000円		0円

　　損益分岐点の売上高　450,000円÷60%＝750,000円

　　損益分岐点の販売量　750,000円÷@50円＝15,000個

希望営業利益を獲得する売上高と販売量

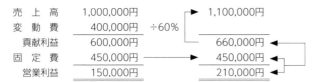

売　上　高	1,000,000円		1,100,000円
変　動　費	400,000円	÷60%	
貢献利益	600,000円		660,000円
固　定　費	450,000円		450,000円
営業利益	150,000円		210,000円

希望営業利益を獲得する売上高　660,000円÷60％＝1,100,000円
希望営業利益を獲得する販売量　1,100,000円÷@50円＝22,000個
安全余裕率と損益分岐点比率

安全余裕率　（1,000,000円－750,000円）÷1,000,000円＝0.25（25％）
損益分岐点比率　750,000円÷1,000,000円＝0.75（75％）

12－2

機械作業1時間当たりの変動費	400円
月間固定費	75,000円

解説

最高の機械作業時間　→12月の590時間（311,000円）
最低の機械作業時間　→8月の420時間（243,000円）

※11月の610時間は，正常操業圏外の異常値であるため使用しません

変動費率　$\dfrac{311,000円－243,000円}{590時間－420時間}$＝@400円

月間固定費

	固定費 75,000円
12月の製造原価 311,000円	差引
	変動費 590時間×@400円 236,000円

月間固定費　311,000円－590時間×@400円＝75,000円

なお，月間固定費は8月のデータで計算することもできます。

12－3

	全部原価計算方式の 損 益 計 算 書		直接原価計算方式の 損 益 計 算 書
売 上 高	（　1,120,000　）	売 上 高	（　1,120,000　）
売 上 原 価	（　672,000　）	変動売上原価	（　448,000　）
売 上 総 利 益	（　448,000　）	変動製造マージン	（　672,000　）
販売費・一般管理費	（　266,000　）	変動販売費	（　126,000　）
営 業 利 益	（　182,000　）	貢 献 利 益	（　546,000　）
		固定費	（　420,000　）
		営 業 利 益	（　126,000　）

売上高　560個×@2,000円＝1,120,000円　　共通

販売費・一般管理費

　変動販売費　560個×@225円＝126,000円　　直接

　固定販売費・一般管理費　　　140,000円

　　合　計　　　　　　　　　　266,000円　　全部

全部原価計算の売上原価

仕 掛 品			
期首	0個	完成	700個
直材	0	直材	336,000
変加	0	変加	224,000
固加	0	固加	280,000
当期	700個	期末	0個
直材	336,000	直材	0
変加	224,000	変加	0
固加	280,000	固加	0

製 品			
期首	0個	販売	560個
直材	0	直材	268,800
変加	0	変加	179,200
固加	0	固加	224,000
完成	700個	期末	140個
直材	336,000	直材	67,200
変加	224,000	変加	44,800
固加	280,000	固加	56,000

※直材@480円，変加@320円，固定加工費280,000円÷700個＝@400円

　売上原価

　　直接材料費　560個×@480円＝　268,800円

　　変動加工費　560個×@320円＝　179,200円

　　固定加工費　560個×@400円＝　224,000円

　　　合　計　　　　　　　　　　672,000円

直接原価計算の変動売上原価

仕 掛 品			
期首	0個	完成	700個
直材	0	直材	336,000
変加	0	変加	224,000
当期	700個	期末	0個
直材	336,000	直材	0
変加	224,000	変加	0

製 品			
期首	0個	販売	560個
直材	0	直材	268,800
変加	0	変加	179,200
完成	700個	期末	140個
直材	336,000	直材	67,200
変加	224,000	変加	44,800

※直材@480円，変加@320円

変動売上原価

　直接材料費　560個×@480円＝　268,800円

　変動加工費　560個×@320円＝　179,200円

　　合　計　　　　　　　　　　448,000円

直接原価計算の固定費

　固定費　280,000円＋140,000円＝420,000円

オリジナル
模擬問題

制限時間は, 商業簿記と合わせて90分です。
また, 読者特典の「ネット試験体験プログラム」では,
この巻末付録の問題をネット試験形式で解くことができます。
ネット試験を受験予定の方は, 本プログラムをフル活用して,
解き方や操作性に慣れておきましょう。
ご利用方法は本書の巻頭ページをご覧ください。

第4問 (28点)

(1) (12点)

次の各取引について仕訳しなさい。ただし、勘定科目は、各取引の下の勘定科目から最も適当と思われるものを選び、記号で解答すること。仕訳の金額はすべて円単位とする。

1. 材料3,600kgを1kgあたり602円で購入し、代金は掛とした。
 ア. 製　　　　　品　イ. 仕　掛　品　ウ. 材　　　　　料
 エ. 買　掛　金　オ. 製 造 間 接 費　カ. 材料消費価格差異

2. 当月において、材料3,700kgを消費した。なお、3,300kgについては特定の製造指図書への出庫である。また、材料費の計算については、年間を通じて600円/kgの予定消費価格を用いている。
 ア. 製　　　　　品　イ. 仕　掛　品　ウ. 材　　　　　料
 エ. 買　掛　金　オ. 製 造 間 接 費　カ. 材料消費価格差異

3. 当月の材料に関する資料は次のとおりである。これにもとづいて、当月の材料消費価格差異を計上する。なお、材料費の計算については、年間を通じて1kgあたり720円の予定消費価格を用いており、材料の実際消費価格の計算は平均法による。また、棚卸減耗は生じていない。
 月初棚卸高：142,400円（200kg）　当月購入高：1,299,600円（1,800kg）
 当月消費量：1,850kg（うち、特定の製造指図書への出庫は1,650kgである。）
 ア. 製　　　　　品　イ. 仕　掛　品　ウ. 材　　　　　料
 エ. 買　掛　金　オ. 製 造 間 接 費　カ. 材料消費価格差異

(2)（16点）

当工場では，全部実際単純個別原価計算を行っている。下記の資料にもとづき，6月における仕掛品勘定と製品勘定を完成しなさい。なお，仕訳と元帳への転記は月末にまとめて行っているものとする。

1．6月の製造指図書別のデータ

製造指図書番号	日付	直接材料費	直接作業時間	機械作業時間	備考
No. 0504	6/1～6/8	－円	150時間	190時間	5/27 製造着手 6/8 完成 6/12 引渡
No. 0601	6/9～6/26	684,800円	420時間	500時間	6/9 製造着手 6/26 完成 6/30 引渡
No. 0602	6/27～6/30	377,200円	80時間	50時間	6/27 製造着手 6/30 未完成

2．直接材料は製造着手時に全て投入している。

3．直接工の消費賃率は1直接作業時間あたり1,200円であった。

4．製造間接費の予定配賦率は1機械作業時間あたり2,000円であった。

5．月初仕掛品（No. 0504）は532,000円であった。

6．月初製品（No. 0503）は1,116,000円であり，6月2日に引渡済である。

```
                   仕      掛      品         （単位：円）
前 月 繰 越      532,000    製         品  （        ）
材      料   （        ）   次 月 繰 越  （        ）
賃 金 給 料   （        ）
製 造 間 接 費 （        ）
            （        ）              （        ）
```

```
                   製             品         （単位：円）
前 月 繰 越    1,116,000    売 上 原 価  （        ）
仕   掛   品 （        ）
            （        ）              （        ）
```

237

第5問（12点）

大原フーズは，袋詰めカット野菜の製造販売を行っている。現在，期首に策定した月間利益計画時の資料をもとに8月の利益計画を策定中である。次の資料にもとづいて下記の問いに答えなさい。

［月間利益計画時の資料］
1．売上高　4,000,000円
2．原価内訳

材　　料　　費	1,240,000円	（変動費）
パート・アルバイト給料	505,000円	（変動費）
水　道　光　熱　費	147,000円	（変動費55,000円，固定費 　　　　　92,000円）
正　社　員　給　料	909,000円	（固定費）
支　　払　　家　　賃	430,000円	（固定費）
設　備　減　価　償　却　費	320,000円	（固定費）
そ　の　他　費　用	229,000円	（固定費）

問1　貢献利益率を計算しなさい。

問2　月間の損益分岐点売上高を計算しなさい。なお，貢献利益率および固定費額は利益計画時と同じ条件であるものとする（問3も同様）。

問3　8月の目標営業利益は275,000円である。この目標を達成するために必要な売上高を計算しなさい。

解答・解説

第4問 （28点）

（1）

	仕		訳	
	借方科目	金　額	貸方科目	金　額
1	ウ	2,167,200	エ	2,167,200
2	イ オ	1,980,000 240,000	ウ	2,220,000
3	カ	1,850	ウ	1,850

仕訳1つにつき4点。合計12点。

解 説

仕訳問題です。

1．材料の購入

購入原価　3,600kg×@602円＝2,167,200円

2．材料の消費

直接材料費　3,300kg×@600円＝1,980,000円

間接材料費　（3,700kg－3,300kg）×@600円＝240,000円

3．材料消費価格差異

予定消費価格による材料費　1,850kg×@720円＝1,332,000円

実際消費価格（平均法）による材料費

$$1,850kg × \frac{142,400円＋1,299,600円}{200kg＋1,800kg} （@721円）＝1,333,850円$$

材料消費価格差異　1,332,000円－1,333,850円＝1,850円（借方差異）

（2）

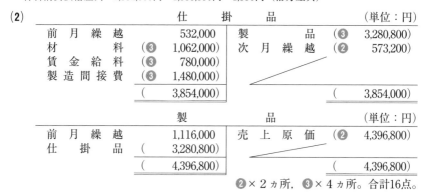

❷×2ヵ所，❸×4ヵ所。合計16点。

解 説

個別原価計算において仕掛品勘定と製品勘定を作成する問題です。

1．当月（6月）の製造指図書別原価計算表の作成

原価計算表　　　　　　　　（単位：円）

摘　　　　要	No. 0504	No. 0601	No. 0602	合計
月初仕掛品	532,000	—	—	532,000
直接材料費	—	684,800	377,200	1,062,000
直接労務費	180,000	504,000	96,000	780,000
製造間接費	380,000	1,000,000	100,000	1,480,000
製造原価	1,092,000	2,188,800	573,200	3,854,000
備　　　　考	完成・引渡	完成・引渡	仕　掛　中	—

(1)　月初仕掛品原価（指図書 No. 0504）　532,000円

(2)　直接材料費

　　　指図書 No. 0504　　　　—

　　　指図書 No. 0601　　　684,800円

　　　指図書 No. 0602　　　377,200円

　　　合　　　　計　　　1,062,000円

(3)　直接労務費

　　　指図書 No. 0504　　150時間 × @1,200円 ＝　　　180,000円

　　　指図書 No. 0601　　420時間 × @1,200円 ＝　　　504,000円

　　　指図書 No. 0602　　80時間 × @1,200円 ＝　　　96,000円

　　　合　　　　計　　　　　　　　　　　780,000円

(4)　製造間接費

　　　指図書 No. 0504　　190時間 × @2,000円 ＝　　　380,000円

　　　指図書 No. 0601　　500時間 × @2,000円 ＝　　1,000,000円

　　　指図書 No. 0602　　50時間 × @2,000円 ＝　　　100,000円

　　　合　　　　計　　　　　　　　　　　1,480,000円

(5)　完成品原価，月末仕掛品原価

　　①　完成品原価

　　　指図書 No. 0504　　532,000円 ＋ 180,000円 ＋ 380,000円 ＝　　1,092,000円

　　　指図書 No. 0601　　684,800円 ＋ 504,000円 ＋ 1,000,000円 ＝　　2,188,800円

　　　合　　　　計　　　　　　　　　　　　　　　　3,280,800円

　　②　月末仕掛品原価（指図書 No.0602）

　　　　377,200円 ＋ 96,000円 ＋ 100,000円 ＝ 573,200円

2．月初製品，売上原価の計算

(1)　月初製品（指図書 No. 0503）　1,116,000円

(2)　売上原価

指図書No.0503	1,116,000円
指図書No.0504	1,092,000円
指図書No.0601	2,188,800円
合　計	4,396,800円

第5問（12点）

問1　貢献利益率　　　　　❹　　　　　55％

問2　損益分岐点売上高　　❹　3,600,000　円

問3　目標達成のための売上高　❹　4,100,000　円　❹×3ヵ所。合計12点。

解説

損益分岐分析の問題です。

1．貢献利益率（問1）

(1)　変動費合計　1,240,000円＋505,000円＋55,000円＝1,800,000円

(2)　貢献利益　4,000,000円－1,800,000円＝2,200,000円

(3)　貢献利益率　$\dfrac{\overset{\text{貢献利益}}{2,200,000円}}{\underset{\text{売上高}}{4,000,000円}}=0.55$（55％）

2．損益分岐点売上高（問2）

(1)　固定費合計　92,000円＋909,000円＋430,000円＋320,000円＋229,000円＝1,980,000円

(2)　損益分岐点売上高　$\dfrac{\overset{\text{固定費合計}}{1,980,000円}}{\underset{\text{貢献利益率}}{55\%}}=3,600,000円$

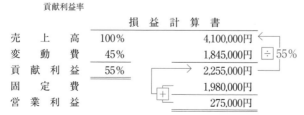

損　益　計　算　書

売　上　高	100％	3,600,000円	
変　動　費	45％	1,620,000円	÷55％
貢　献　利　益	55％	1,980,000円	
固　定　費		1,980,000円	
営　業　利　益		0円	

3．目標営業利益達成のための売上高（問3）

$\dfrac{\overset{\text{固定費合計　目標営業利益}}{1,980,000円＋275,000円}}{\underset{\text{貢献利益率}}{55\%}}=4,100,000円$

損　益　計　算　書

売　上　高	100％	4,100,000円	
変　動　費	45％	1,845,000円	÷55％
貢　献　利　益	55％	2,255,000円	
固　定　費		1,980,000円	
営　業　利　益		275,000円	

【著者紹介】

資格の大原

簿記，公認会計士，税理士，社労士など会計・法律分野の資格試験から医療・介護福祉，情報処理，公務員試験まで様々な分野で受験指導を行う専門学校。難関資格試験でも多数の合格者を輩出し，特に公認会計士と税理士の合格実績には定評がある。また，近年では地方公会計や農業簿記の分野にも力を入れている。

「就職の大原」としても著名であり，資格取得後の就職を見据えた受験指導を行っている。

https://www.o-hara.ac.jp

大原で合格る日商簿記2級　工業簿記〈第2版〉

2018年2月10日　第1版第1刷発行	
2020年1月20日　第1版第7刷発行	
2021年7月10日　第2版第1刷発行	
2024年4月25日　第2版第7刷発行	

著　者　資　格　の　大　原
発行者　山　本　　　継
発行所　㈱中　央　経　済　社
発売元　㈱中央経済グループ
　　　　パブリッシング

〒101-0051　東京都千代田区神田神保町1-35
電話　03 (3293) 3371 (編集代表)
　　　03 (3293) 3381 (営業代表)
https://www.chuokeizai.co.jp
印刷／昭和情報プロセス㈱
製本／㈲井上製本所

©2021
Printed in Japan